『古事記』の謎を解く

ヤマト王権創世記

工学博士
南部修太郎
Shutaro Nambu

はじめに

『古事記』は日本最古の歴史書である。第四十代天武《てんむ》天皇（在位六七三～六八六）の命により、稗田阿礼《ひえだのあれ》が「誦習《しょうしゅう》」していた天皇の系譜や古い伝承を、太安万侶《おおのやすまろ》が編纂《へんさん》して作成し、七一二年に第四十三代元明《げんめい》天皇（在位七〇七～七一五）に献上された。神代から第三十三代推古《すいこ》天皇（在位五九三～六二八）に至る、様々な出来事が記載されている。

天武天皇が『古事記』の編纂を命じたのは、即位後、諸家が伝える伝承と古くから世間に伝わる伝承に、矛盾が多いことを憂慮《ゆうりょ》されたためとされる。当時、多くの有力氏族がそれぞれの歴史を語る神話を持っていたと思われる。一般に歴史はそれを語る者の立場で、都合よく修正されてしまうが、そのため個々の氏族が伝承する歴史には、様々な矛盾が発生していたのだろう。

天武天皇は、六七二年の壬申《じんしん》の乱で勝利し、ヤマト王権の新しい権力者として、王権の強化を図ろうとしていた。またその正統性を主張するため、様々な神話を一つの意思に統一する必要があると考えていた。そのため強力な王権を背景に、公的な歴史書の編纂を命じたのだろう。

それでも『古事記』を読むと、不思議な謎が多いことに気がつく。

例えば、今でも出雲（島根県）では旧暦十月のことを、神有月《かみありづき》と呼ぶ。しかし日本の他の地域では全て、神無月《かんなづき》である。これは旧暦十月に日本各地の全ての神が、出雲に集まるからだそうである。とすれば八百万《やおよろず》の神が集まる高天原《たかまがはら》は出雲にあることになり、神々の盟主でヤマト王権の祖神天照大御神《アマテラスオオミカミ》も出雲にいることになる。何故だろう。

また有名な出雲の大国主《オオクニヌシ》の「国譲り神話」では、アマテラスがオオクニヌシ支配下の出雲及び葦原中国《あしはらのなかつくに》（地上世界）を譲り受けるが、その後アマテラスの命を受け邇邇芸命《ニニギノミコト》が天下《あまくだ》るのは、何故か出雲ではなく、日向《ひゅうが》の高千穂である。どうしてなのか。

また倭建《ヤマトタケル》は、伊吹山の神を成敗しようとして、何故か自身の最強の守り神である草薙剣《くさなぎのつるぎ》を妻の美夜受比売《ミヤズヒメ》のもとに預け、素手で伊吹山に出かけ殺されてしまう。それまでも、知略では優れていたが、決して武勇に優れていた訳ではないにもかかわらず、少なくとも神である伊吹山の神との戦いに、何故、そんな無謀なことをしたのだろう。

本書ではこのような70の謎を取り上げ、独自の仮説により全ての謎を解き明かす。そして驚愕《きょうがく》の「ヤマト王権創世記」を明らかにする。

一般に神話の創作や伝承の裏には、史実とされる事とは異なる真実を伝えようという、強い思いを持つ人達の存在が隠されているのではないだろうか。そしてそれが原因で、様々な歴史の謎が生まれたのだろう。神話の創作や伝承には、歴史の非情さと重みが隠されているのだと思う。

本書ではそれらの謎を一つひとつ解き明かし、歴史の真実に迫る。まさしく古代史ミステリーである。

その謎解きの作業は、私がこれまで体験してきた科学技術の世界とよく似ている。小さな様々な謎を、一つひとつ矛盾なく、あたかもジグソーパズルのピースのように繋げ解いていくことにより、やがて真実の姿が明らかになる。そのとき得られるカタルシスこそ、正しくミステリーの醍醐味である。

本書で『古事記』の謎が解き明かされたとき、どんな驚愕の真実があらわれるのか、請うご期待。

ヤマト王権創世記　目次

古代日本の文化交流圏

神代

Ⅱ章　「国生み神話」「天の岩戸神話」の謎を解く……32

ヤマト王権の創設

V章 「ニニギの天孫降臨神話」の謎を解く

Ⅵ章 神武東征の謎を解く

IX章 ヤマトタケルと草薙剣の謎を解く

ヤマト王権の発展

XII章　大化の改新と壬申の乱の謎を解く ……158

本文デザイン　池上ユウコ
装幀　本澤博子
装幀イラスト　iStock.com/ duncan1890
GlobeDesign/ PIXTA
図版　桜井勝志

古代日本の文化交流圏

Ⅰ章　古代日本の文化交流圏の謎を解く

近年、縄文から弥生時代の様々な遺跡の発掘が進み、古代日本の文化がこれまで考えられていたよりも、遙かに進んでいたことが分かってきた。各地域間の文化交流も活発に行われていたらしい。そのため『古事記』の謎を解く上で、古代日本の文化がどのようにして発展し、どのような交流が行われていたかを考察することが、重要だと思われる。そこで『古事記』の謎を解く前に、まず古代日本の文化交流がどのようにして行われていたのか、その謎に迫ることにする。

1　古代の文化交流は、どのようにして行われていたのか?

古代の文化交流は、主に海や川を使った海路や水路による交通手段により行われていたと考えられている。勿論、古代の航海技術は丸木船等を使った簡単なもので、陸地に近い所を何度も寄

図1-1　古代の二つの文化交流ネットワーク

港しながら移動するものだったが、それでも陸路を移動するよりは、遙かに効率的な移動が可能であったであろう。特に古代は、海面の水位が現在より五メートル程高く、現在の平地もほとんどが海であったため、海路を使った港での物々交換による交易が、活発に行われていたのではないだろうか。その結果、古代日本では、海路や水路移動技術に長《た》けた海人《かいじん》達による交易ネットワークが発達し、やがてそれが文化交流ネットワークに発展していったと思われる。

この古代日本の海路による主な文化交流ネットワークには、日本海沿岸を巡る日本海ルートと、黒潮の流れに沿って北九州から瀬戸内海、太平洋沿岸を巡る太平洋ルートの、二つの文化交流ネットワークが存在したのではないだろうか。中国や朝鮮半島からの大陸の先進文化は、古代日本に大きな影響を与えたが、それらも海路を介して伝えられ、その主な窓口は北九州や出雲であったと推測される。そのため大陸文化は、まず北九州や出雲に根付き繁栄し、やがてこれらの地域が二大文化交流ネットワークの起点となって、全国に拡散していったに違いない。そして長い年月を経て、古代の二大文化交流ネットワークのそれぞれに、航海技術に長け様々な交易ノウハウを蓄積し、その交易ルートの文化交流や物流を支配する有力な海洋族が生まれていったと思われる。

日本海ルートを支配したのは、出雲に拠点を置く人達だったであろう。出雲は鉄器文化が盛んだったため、朝鮮半島からの先進技術に加え、鉄器やその鉄器を使った優れた土木工事技術を強みとして、日本海沿岸を中心にその勢力圏を広げていったと思われる。それは日本海沿岸地域に巨木建築が栄えたこと、また独特な古墳や埋蔵物が多いこと等からも推測される。

一方、太平洋ルートを支配したのは、北九州に拠点を置く人達だっただろう。北九州に拠点を置く人達は、瀬戸内海、太平洋沿岸を中心に、渡来人が保有する機織《はたおり》や、稲作、土器、玉、工具、鏡、医療等、高度な先進技術を強みとして、その勢力圏を広げていったと思われる。その結果、古代日本では、多くの北九州の人達と出雲の人達の東遷《とうせん》が活発に行われたと考えられる。またその刺激を受けて、古代日本の先住民である縄文人達の西遷《せいせん》も活発化し、結局古代日本全体として、東西の文化交流が活発に行われていたのではないだろうか。

2　何故、日本海（出雲）ネットワークの発展が、太平洋ネットワークに先行したのか？

古代日本では、まず日本海（出雲）ネットワークが、太平洋ネットワークに先行して発展したと推測される。何故だろう。

それは出雲ネットワークが、鉄器や先進技術を強みとする交易が中心であり、古代日本の先住民達の縄文文化との親和性が高かったからではないだろうか。出雲ネットワーク諸国の盟主である大国主神《オオクニヌシノカミ》の別名である大物主《オオモノヌシ》が、縄文文化の主祭神である山や岩（自然）等と、多く合祀《ごうし》されていることは、祭祀の面でも出雲と縄文文化との親和性が高かったことを裏付ける。

太平洋ネットワークが出雲に先行を許したのは、邪馬台国《やまたいこく》九州説によれば、北九州では、邪馬台国の卑弥呼《ヒミコ》による統一まで、多くのクニが乱立して抗争が絶えず、統一王朝の成立が遅れたためと思われる。また古代日本の航海技術では、瀬戸内海の移動が、複雑な海流のため、それ程簡単ではなかったことも原因だろう。

また出雲の統治方法は、素朴で友好的な出雲ネットワークの特徴から、地元豪族（クニ）の大幅な自治を認めた友好同盟のようなものだったと思われる。もっとも交通が未発達であった古代日本では、強い武力による広域統治は不可能でもあったろう。各地域のクニには出雲ネットワー

図1-2　出雲同盟ネットワーク（●部）

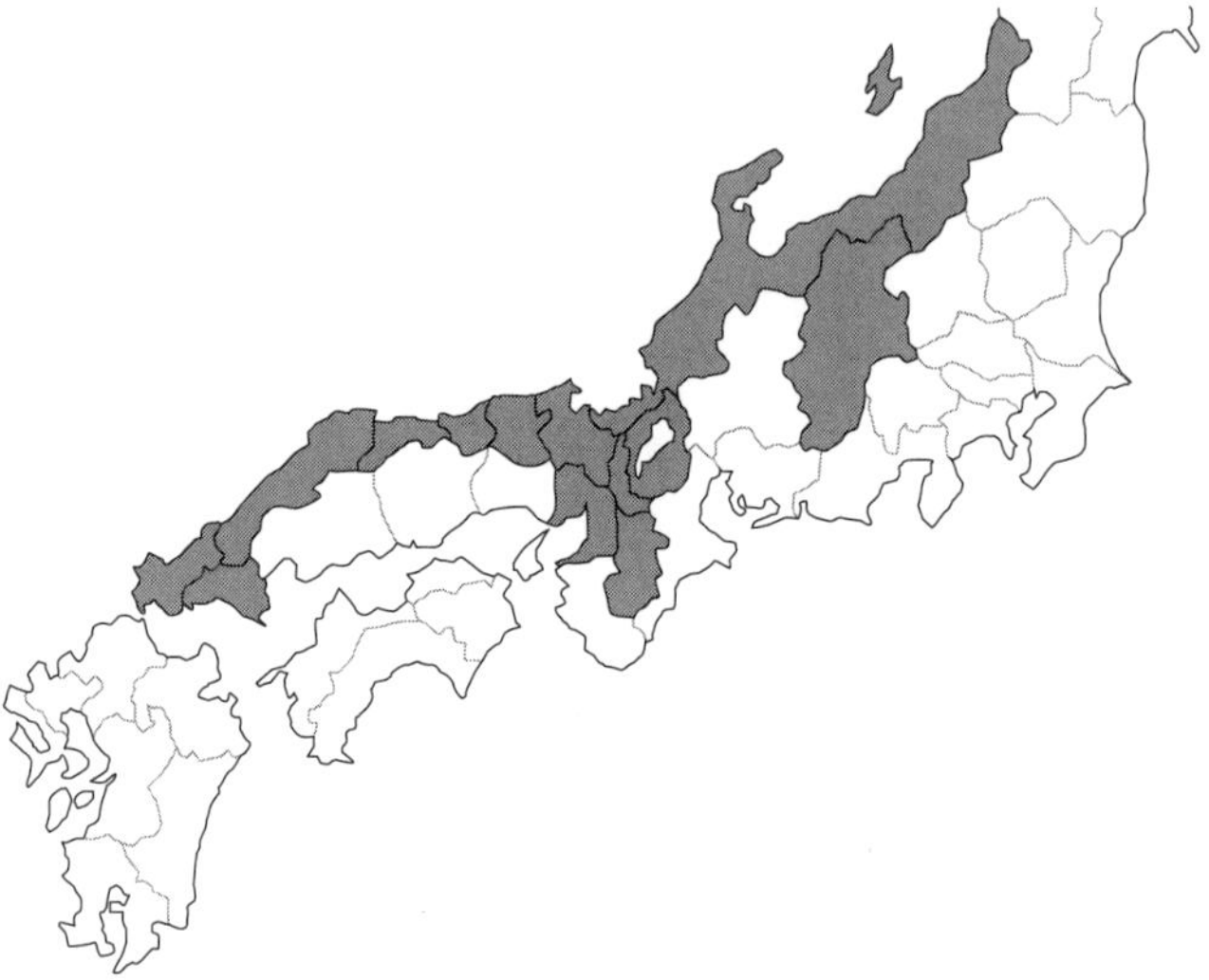

クの拠点が設けられ、出雲はその拠点を核に、高い文化を移植し、影響力を強めていったに違いない。このように古代日本では、出雲同盟ネットワークが、まず日本海沿岸の高志《こし》（福井）や佐渡（新潟）に広がり、やがて水路を辿《たど》って内陸の信濃（長野）や諏訪《すわ》（長野）へ広がり、更には淡海《おおみ》（滋賀）、倭《やまと》（奈良）を経て、広がっていったと思われる。

出雲同盟ネットワークの有力拠点の一つである諏訪は、古代日本では特に重要な地域であった。それは諏訪に近い糸魚川《いといがわ》の上流の奴奈《ぬな》川（姫川：長野）辺りが、古代で貴重とされた翡《ひ》翠《すい》の巨大産地であったためである。また諏訪湖の北の和田峠は、縄文時代に石器の材料として貴重だった黒曜石《こくようせき》の巨大産地でもあった。そのため古くから諏訪湖近辺は、優れた採石加工技術を背景とする有力な産業拠点であったと思われる。

翡翠が貴重とされていたのは、古代日本では翡翠に身を守る力があるとされたためだけではなく、鉄器と同様に体積当たりの価値が高く、通貨的な役割も果たしたためである。特に出雲ネットワークでは、翡翠はその文化を代表するものであった。そのため出雲にとって諏訪は、古くから大変重要な産業拠点であったに違いない。

3　太平洋（秦）ネットワークの発展を支えた海人は誰か？

太平洋ネットワークの構築と発展を支えた海人とは誰だったのだろう？　古代の北九州では、前述のように邪馬台国の卑弥呼による統一まで、多くの小国（クニ）が乱立し抗争が絶えなかった。そのため強力な王権を背景とした文化交流は、当初は未発達だったであろう。ただ瀬戸内海・太平洋沿岸を巡る太平洋ネットワークは、それより遙か以前の縄文時代後期から、それなりに存在していたのではないだろうか。そして実質的にそのネットワークを構築し、支えていた海人は、謎の一族とされる秦氏《ハタ》だと思われる。

秦氏は、中国の秦《しん》からの移民、あるいは難民を祖とする一族だとの説がある。司馬遷《しばせん》の『史

図1-3　徐福伝説のある地域

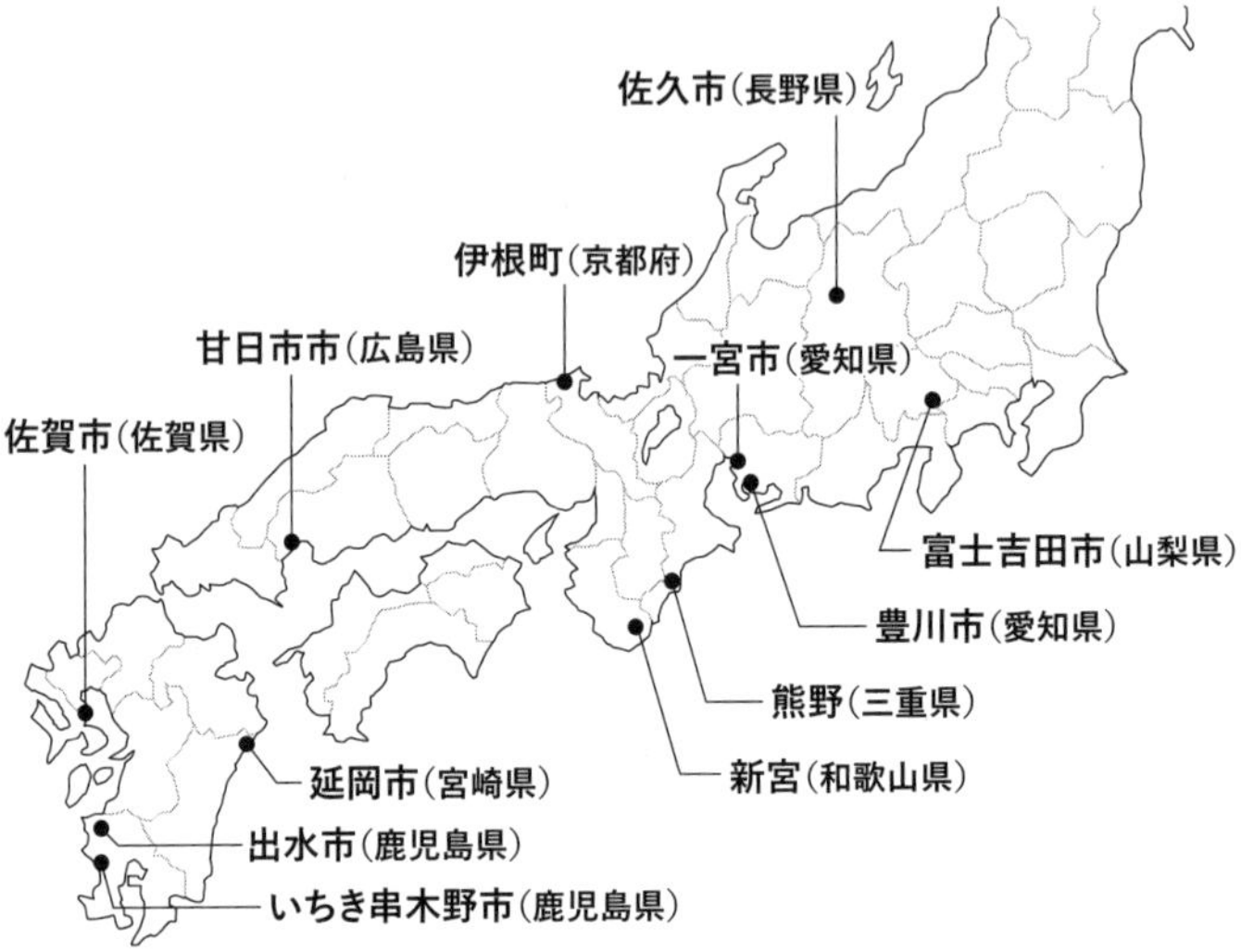

記』に、秦朝末期（紀元前三世紀頃）に斉《せい》国出身の方士《ほうし》徐福《じょふく》が、「東方の三神山に不老不死の霊薬がある」と具申し、秦の始皇帝の命を受け、三〇〇〇名の若い男女と多くの技術者を従え、五穀の種を持って東方に船出し、帰らなかったとの記述がある。「東方の三神山」とは日本方面のことで、徐福が帰国しなかったのは、船が難破し、その多くが日本に漂着したためと考えられている。そのため日本各地に、徐福が漂着したとの伝説が残っている。その中でも特に三重県熊野市には、二千二百年前の中国の硬貨である半両銭が発見されていることから、信《しん》憑性《ぴょうせい》が高い。秦氏は、その徐福一行の子孫達だとするのである。

とすれば徐福一行は、紀伊半島等の太平洋沿岸に漂着し、農業、養蚕、機織、稲作、薬、開墾・土木、水銀朱《しゅ》等に関する高い技術力や、高い航海技術により、海路を通じて古代日本の先住民であった縄文人と同化しながら、海人族として、北九州・瀬戸内・太平洋沿岸にその文化交流のネットワークを広げていったのではないだろうか。

特に水銀朱は、太平洋（秦氏）ネットワークの大きな強みだったと推測される。水銀朱とは、赤の顔料のことで、古代日本では「丹《に》」と呼ばれ、古墳や石棺の彩色や、赤色の墨である朱墨《しゅぼく》、更には鎮静や催眠を目的とする漢方薬として重宝された。そのため水銀朱は鉄器や翡翠と同様に、体積単価が高く交易では通貨的役割も果たした。水銀朱の原料は辰砂《しんしゃ》と呼ばれる無機硫化水銀を含む鉱物であるが、当時その巨大産地が、徐福漂着伝説のある三重県熊野市に近い吉野川上流や三重県多気町にあった。

そのため秦氏の拠点は、最初は前記の三重県熊野市付近の紀伊半島だったと思われる。しかしその後、ネットワークの発展につれ、北九州、瀬戸内海、太平洋沿岸、京都・奈良や常陸の各地に展開していったのではないだろうか。特に北九州の宇佐（豊国《とよのくに》：大分）付近は、秦氏にとって大陸文化の受け入れ窓口である北九州の有力豪族（クニ）達との交流拠点として、重要さを増していったのだろう。『隋書』倭国伝に、七世紀の初め頃、倭国の筑紫国の東（豊国：大分）に、「秦王国」があったと記されている。「秦王国」とは秦氏が多く居住する地域であったと思われる。中国からの移民が多く住む地域で、今風に言えばチャイナタウンだろうか。『正倉院文書』

にも、豊前国（福岡・大分）や豊後国（大分）に、秦氏関係の人々が多く住んでいたことが記されている。

弥生文化は紀元前三世紀頃、大陸からの渡来人により、伝わったとされる。そのとき渡来人の一族であった秦氏は、言語や文化等の面で渡来人との交流の敷居が低く、大陸の先進文化の吸収も速かったと思われる。そのため太平洋（秦）ネットワークは、弥生文化の受け手として、古代日本の縄文時代から弥生時代への進化を促進する役割も果たしたと推察される。

4　謎の一族とされる秦氏とは、何者か？

秦氏は古くからヤマト王権に仕え、古代日本で最大の人口と広い分布を誇る渡来系の氏族である。歴史学者山尾幸久《やまおゆきひさ》によれば、秦氏は常に政治とは距離を置き、決して自らが政治的な権力を志向せず、文化交流や交易を目的とする「黒幕的政商」に徹した氏族であったとされる。秦氏の出自については、先述の徐福等の子孫とする説の他にも多説があり、いずれも真実性には疑問が多い。謎の一族とされる秦氏とは一体何者なのか？

『古事記』は秦氏の祖を、第十五代応神《おうじん》天皇（在位五世紀初頭）の頃に、新羅《しらぎ》から渡来した一族

図1-4　日本列島における秦氏ゆかりの地域（●部）

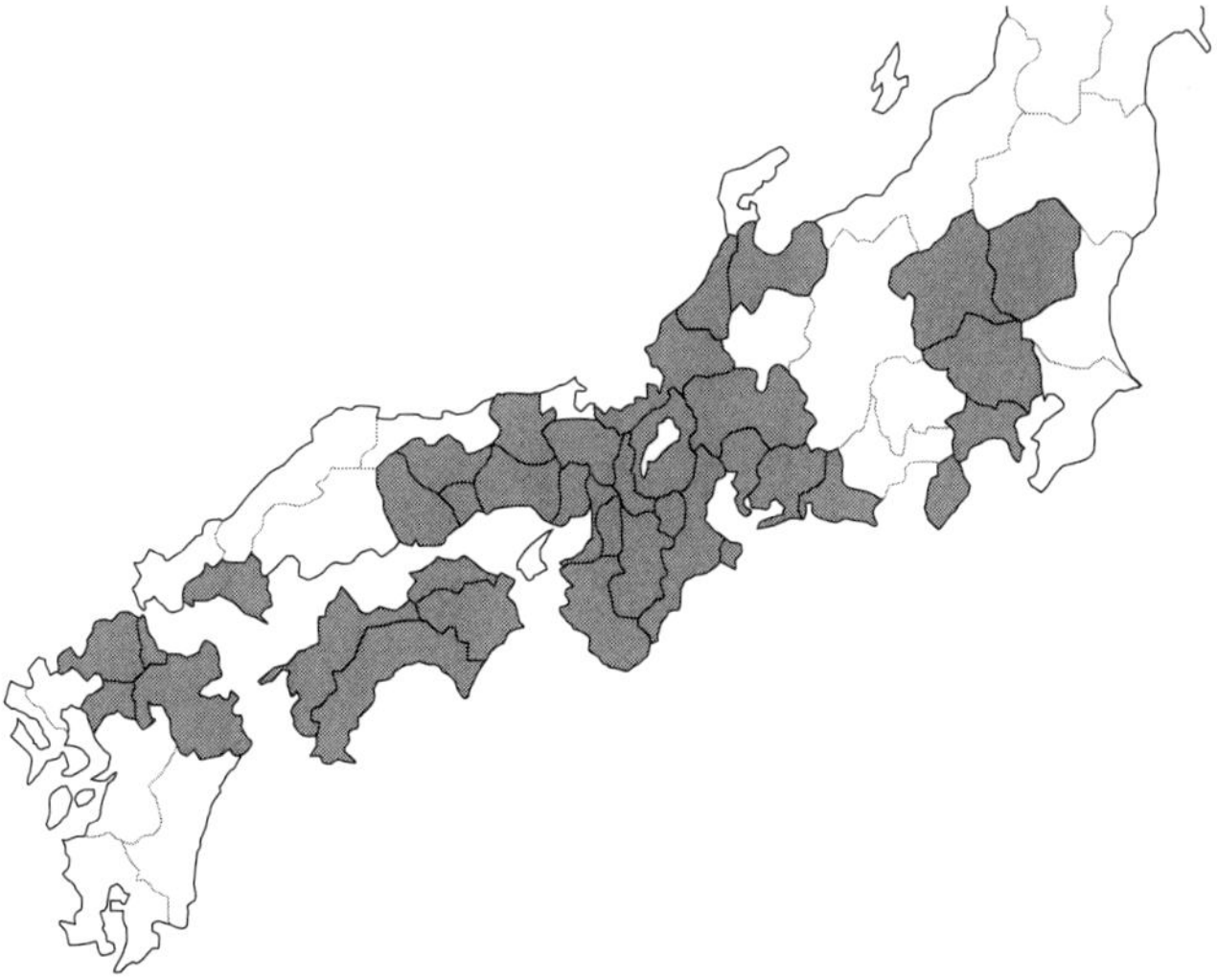

としている。また『新撰姓氏録《しんせんしょうじろく》』は、応神天皇の頃、多数の一二七県の姓を率いて百済《くだら》から渡来したとされる弓月君《ユズキノキミ》が、秦氏の祖であるとしている。しかしこれらの記述はいずれも、渡来人が急増した応神天皇の時代に、その受け入れ先として、既に強力な太平洋（秦）ネットワークを築き、渡来人との交流にも長けていた秦氏が、自らのネットワークの中に渡来人達を同化していったことを示しているのではないだろうか。

　つまり秦氏のルーツはもっと古く、やはり先述の徐福達とするのが妥当だろう。おそらく秦氏は、その出自が中国の「秦国《しんこく》」ゆかりであることを誇りに、「秦」の文字を屋号としていたのではないだろうか。秦氏の進んだ機織の技術が日本各地に広まるにつれ、「機織《はたおり》」が秦氏の代名詞のようになり、やがて秦氏は、「はた」氏と呼ばれるようになったのかもしれない。

ところで日本文化に、ユダヤ文化との類似点が多いことから、旧約聖書に記された「イスラエルの失われた一〇支族」の末裔《まつえい》が、古代日本に渡来していたとする「日ユ同祖論」が知られている。確かに日本の神道の儀式や様式、また山伏や天狗の装束には、ユダヤ教との類似点が多い。そしてそのユダヤ人の末裔が、秦氏であるとする説がある。それに関連して、徐福が「イスラエルの失われた一〇支族」のリーダー、ヨセフの子孫ではないかとの奇説もある。徐福がユダヤ人の末裔であるか否かはともかく、少なくとも徐福一行三〇〇〇名の若者の中に、「イスラエルの失われた一〇支族」の末裔がいたとしても不思議ではない。ユダヤ人の末裔を含む秦氏は、流通の民としての強みを十分に発揮して、太平洋（秦）ネットワークを活用し、弥生文化の東遷を支えたのではないだろうか。後で詳説するが、この仮説は『古事記』の様々な謎を解くためのヒントになる。

秦氏の勢力拡大手法の特徴は、政治からは距離を置き、未開地域を開発して新しい経済基盤を築きながら、織物、土木工事、流通等の産業振興でヤマト王権を支え、経済での貢献を重視したことである。出雲王権がヤマト王権に先行して全国制覇できたのも、その秦氏の特徴のためであろう。秦氏ゆかりの地域は日本全国に広がっている。五世紀頃、秦氏の拠点だった京都市や向日市も、元々はそのような未開の土地であったらしい。秦氏は、太平洋（秦）ネットワークを実質支配する技術者集団として、古くからヤマト王権に仕え、その勢力を全国に拡大していったのではないだろうか。

5　纒向《まきむく》遺跡とは、何の跡だったのか？

最近、纒向遺跡が古代の謎を解く鍵として、大きな注目を集めている。纒向遺跡とは何の跡だったのだろう。

纒向遺跡は、奈良県桜井市の三輪山《みわやま》北西部一帯にある、弥生時代末期（三世紀）から古墳時代前期にかけての広大な遺跡集落である。遺跡の年代が卑弥呼の時代と重なるため、この纒向遺跡が邪馬台国の跡であり、纒向の箸墓《はしはか》古墳を卑弥呼の墓とする説もある。しかし考古学者関川尚功《せきがわひさよし》は、纒向遺跡で発掘された搬入土器には、北九州由来のものが非常に少なく、また半島や大陸との交流を示す漢鏡、後漢鏡や刀剣類もなく、『魏志』倭人伝に記されるような半島や大陸との活発な交流の跡もないことから、邪馬台国ではないとしている。

むしろ三輪山が、古代より原始信仰の対象であり、そこにある大神《おおみわ》神社の祭神がオオモノヌシであることから、纒向は出雲の有力な同盟国の一つだったとする方が妥当であろう。纒向が現れ

図1-5　纒向遺跡で発掘された土器の出身地割合

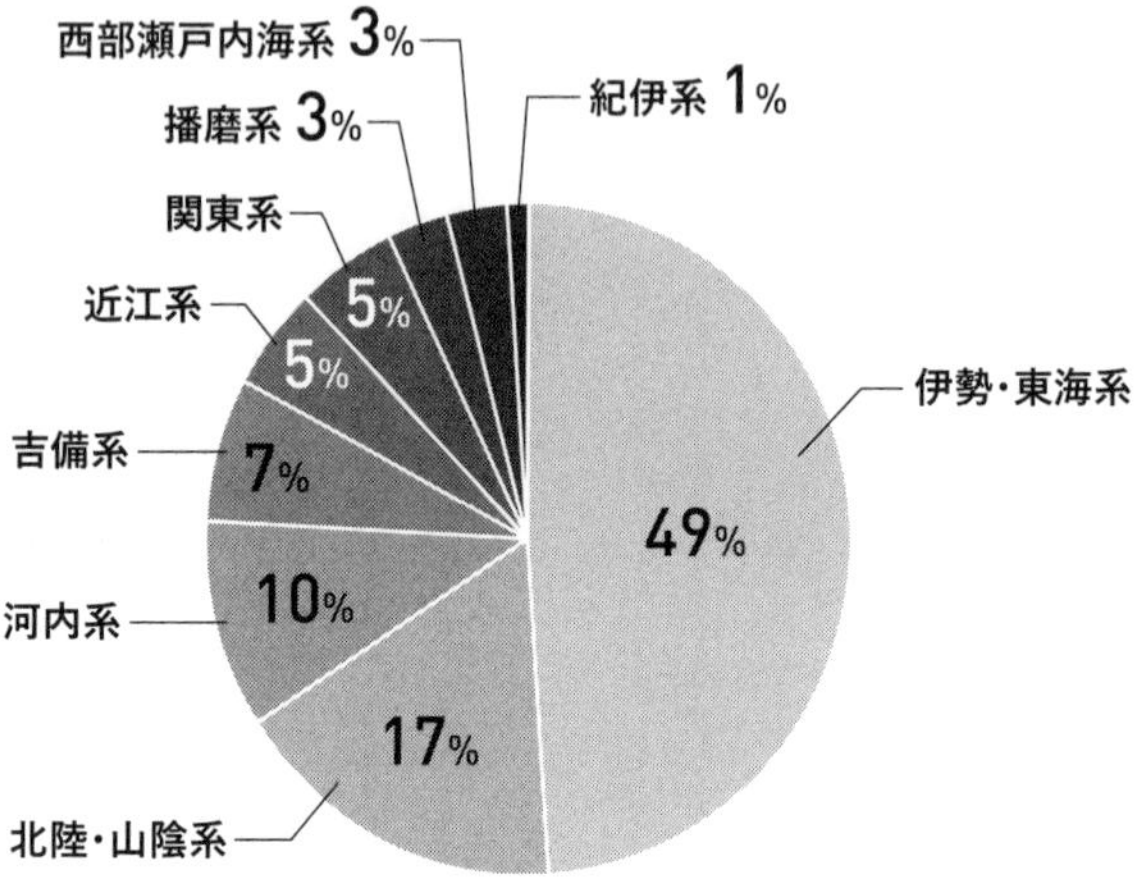

出典：石野博信『邪馬台国の候補地・纒向遺跡』（新泉社、2008年）を基に作成

た時期が、出雲の勢力拡大が顕著になった三世紀であることも、それを裏付ける。

纒向遺跡は現在も発掘が進んでいるが、遺跡からは日本各地で作られたと見られる遺物が多く出土している。このことはこの地域が、瀬戸内から関東や日本海沿岸を含む、大規模な文化交流の中心地であったことを物語る。特に土器は、近くの伊勢や尾張で作られたものが一番多いが、それ以外の地域からの搬入品や、大和（奈良）製ではあるが各地域の特徴を持つものも多く出土している。

この事実は、古代日本における二大ネットワーク、出雲ネットワークと太平洋（秦）ネットワーク間に、交易や文化交流があったことを証明している。纒向遺跡の辺りは、丁度これら二大ネットワークが交わる、古代文化の巨大な集積地だったのだろう。纒向が古代の文化交流の中心になった理由として、近くにある琵琶湖の存在が大きいのではないだろうか。古代は水路による交易が中心であり、琵琶湖を使った交易も大変盛んであったに違いない。出雲ネットワークによる琵琶湖を介した活発な交易が、まず纒向に出雲文化を根付かせ、その纒向との交易を求めて、太平洋（秦）ネットワークからの文化の流入も活発になっていったのではないだろうか。

おそらく纒向辺りは、日本海沿岸各地や、瀬戸内、東海、関東からの情報、技術や人が集まる、多彩な文化交流の中心地として、繁栄したと思われる。纒向には、全国各地から様々な人々が去来して異文化交流が行われ、さながら国際都市の観を呈していたのではないだろうか。当時の日本で、纒向は最も文化の栄えた地域だったに違いない。纒向遺跡の発掘が進み、それらが検証されつつあるように思う。

しかしその纒向の繁栄は、四世紀半ば頃に突然終わってしまう。それは第十代崇神《すじん》天皇により、ヤマト王権の権勢が高まった頃と一致する。この謎についてはⅦ章41で後述する。

神代

Ⅱ章　「国生み神話」「天の岩戸神話」の謎を解く

本章から『古事記』の謎に迫る。そのため、まず『古事記』の概要を、順次段落を区切り、簡単に紹介する。その上で、その内容に関する謎を提起すると共に、独自の仮説を基に、それらの謎を解明する。まず伊邪那美《イザナミ》、伊邪那岐《イザナキ》が活躍する「国生み神話」と、アマテラス、須佐之男《スサノオ》が活躍する「天の岩戸神話」の謎に迫る。

6　出雲関連の神話が、何故、『古事記』の神話の三分の一もの内容を占めるのか？

『古事記』の神代編は、下記の五つの神話からなる。
一、「国生み神話」（イザナミ、イザナキ、アマテラス、スサノオ）
二、「天の岩戸神話」（アマテラス、スサノオ）
三、「出雲神話」（スサノオ、オオクニヌシ）

四、「国譲り神話」（アマテラス、オオクニヌシ）

五、「天孫降臨神話」（ニニギ）

『古事記』は、「国生み神話」から始まり、アマテラスの「天の岩戸神話」に移り、その後スサノオが出雲に降臨し、「出雲神話」が始まる。そして「国譲り神話」で、アマテラスがオオクニヌシの支配する出雲および葦原中国《あしはらのなかつくに》（地上世界）を譲り受ける。しかし何故か次の「天孫降臨神話」で、アマテラスの命を受けたニニギが天下るのは、出雲ではなく、日向の高千穂である。また出雲関連の神話が、何故か『古事記』の神代編の三分の一もの内容を占めている。これらは一体何を物語るのだろう。

それは元々出雲王権とヤマト王権がそれぞれ独自に伝承していた神話を、『古事記』がヤマト王権の神話として一つに統合改編したことを物語るのではないだろうか。つまり「国生み神話」と「出雲神話」は、元々は出雲王権の神話であり、「天の岩戸神話」「国譲り神話」と「天孫降臨神話」は、ヤマト王権の神話であったと思われる。それを何かの意図で、無理矢理一つの神話に統合し改変したため、その統合の綻《ほころ》びが、様々な謎を生むことになったのではないだろうか。

『古事記』概要❶「国生み神話」

天地が分かれ始めた時、天上の高天原に多くの神々が次々に現れた。やがて男神のイザナキと女神のイザナミが現れて、高天原の別天津神（コトアマツガミ）から国生みを命ぜられ、天沼矛《アメノヌボコ》を渡される。イザナキとイザナミがそのアメノヌボコを、天の浮橋から地に指し下してかき混ぜると、その滴《しずく》からオノゴロ島ができた。

両神はこの島に天の御柱《みはしら》を立て、柱を回って交わり子作りを行うが、何度も失敗してしまう。そこでコトアマツガミに相談したところ、交わり方の過ちを指摘される。そこでその過ちを直して再び交わると、今度は立派に淡路島を生むことができた。その後、四国、隠岐の島、九州、壱岐、対馬、佐渡、大倭豊秋津島《オオヤマトトヨアキツシマ》（本州）の八島から成る大八島《オオヤシマ》（日本）が造られ、国生みの役割を終えた。

7　何故、「国生み神話」の中心となるのが淡路島付近なのか？

何故、「国生み神話」の中心となる地域が淡路島付近なのだろう。

それはこの「国生み神話」が、ヤマト王権が全国制覇を成し遂げた四、五世紀以降に作られたことを示していると思われる。何故ならその頃、淡路島付近は、ヤマト王権の勢力圏として、太平洋（秦）ネットワークの重要な拠点であったからである。『古事記』は、イザナキ、イザナミの両神が大八島を生んだ後、更に吉備児島《きびのこじま》（岡山県）、小豆島《あずきしま》（香川県）、大島（山口県）、女島《ひめじま》（大分県）、知訶島《ちかのしま》（五島列島）、両児島《ふたごのじま》（男女群島）を生んだと記すが、これらの島々も太平洋（秦）ネットワークの拠点である。

そして「国生み神話」の後、『古事記』はイザナミの死とそれを悲しむイザナキの物語に移る。ところが、その中心となる地域が今度は瀬戸内海ではなく、何故か突然、全て出雲での物語に変わる。これは、元々「国生み神話」は出雲神話の一部であり、四、五世紀以降にそれがヤマト王権によって改変されたことを物語っているのではないだろうか。

そのためイザナキ、イザナミの両神が生んだ大八島の原型も、元の出雲の「国生み神話」では、おそらく出雲（日本海）ネットワークの拠点でもあった隠岐の島、九州、壱岐、対馬、佐渡、本州の六島と、出雲ネットワークの他の拠点の、例えば夜見島や高志《こし》の能登（北陸）の二島だったのではないだろうか。夜見島は現在の鳥取県弓浜《きゅうひん》であるが、古くは島であり、『出雲国風土記』に記される「国引き神話」には、島が陸に繋がった話が語られている。また高志の能登半島も、古代は現在よりも海面の水位が高かったので、おそらく島だったと思われる。

図2-1　『古事記』に記されている大八島と推定される大八島

『古事記』概要❷「イザナミの死とアマテラス、スサノオの誕生」

イザナキ、イザナミの神は、大八島とそれに続く島々を生み終えると、更に家屋の神々、自然現象の神々、食物の神々を生み、最後に火の神を生んだ。しかしイザナミは火の神を生んだとき、ミホト（陰部）を焼かれて死んでしまい、出雲国と伯耆《ほうき》国の境にある比婆山《ひばやま》に葬られる。イザナキは嘆き悲しみのあまり、火の神の首を十拳剣《とつかのつるぎ》で切り落としてしまう。このとき飛び散った血から、後に国譲りで活躍する建御雷之男神《タケミカヅチノオノカミ》や八神が現れた。

妻を忘れられないイザナキは、黄泉《よみ》の国にイザナミを訪ね、扉越しに、帰って来て欲しいと訴えた。イザナミは「黄泉の国の神と相談するので、その間、自分の姿を見てはいけない」とイザナキに伝える。しかしいつまでたっても戻ってこないので、イザナキは待ち切れず、扉を開け闇に踏み込みこんでしまう。そこで見たのは、腐乱したイザナミのおぞましい姿だった。驚いたイザナキは黄泉の国から逃げ出すが、イザナミは約束を破ったことを怒り、黄泉の国の魔女達と共にイザナキを追いかけた。ようやく現世と黄泉の国との境のヨモツヒラサカにたどり着いたイザナキは、千引《ちびき》の岩で黄泉の国の出入り口を閉じた。

その後イザナキは、不浄な黄泉の国の穢《けが》れを払うため、日向の阿波岐原《あわぎはら》に行き、清らかな水で禊《みそぎ》を行った。その禊の過程で様々な神々が生まれ、最後に、左目からアマテラスオオミカミ、右目からツクヨミノミコト、鼻からスサノオノミコトの三貴子が生まれた。イザナキは、アマテラスに高天原の、ツクヨミに夜の世界の、スサノオには海原の統治を委ねた。

8　何故、アマテラスとツクヨミの統治役割が、アンバランスなのか？

「国生み神話」以降、イザナキとイザナミの神話の舞台は、そのほとんどが出雲に移る。それは前述のように、「国生み神話」がヤマト王権により、出雲王権の「出雲神話」を基に改変されたことを物語る。イザナキの禊の場所だけが、出雲から遙か離れた日向（宮崎）にされたのは、「出雲神話」の改変に際し、ヤマト王権の祖神であるアマテラス誕生の地は、ヤマト王権誕生の地である日向にしておく必要があったためだろう。

では何故、アマテラスに高天原統治という強権が与えられ、ツクヨミには夜の世界統治という役割が与えられたのだろう。左目から生まれたアマテラスと右目から生まれたツクヨミの統治役割が、アンバランスのように思われる。

おそらく元の「出雲神話」では、その名前の示すとおり、アマテラス（天照）は天《あま》を照らし、昼を支配する太陽神であり、ツクヨミ（月読）は夜を支配する月神だったのではないだろうか。

図2-2　神々の系譜

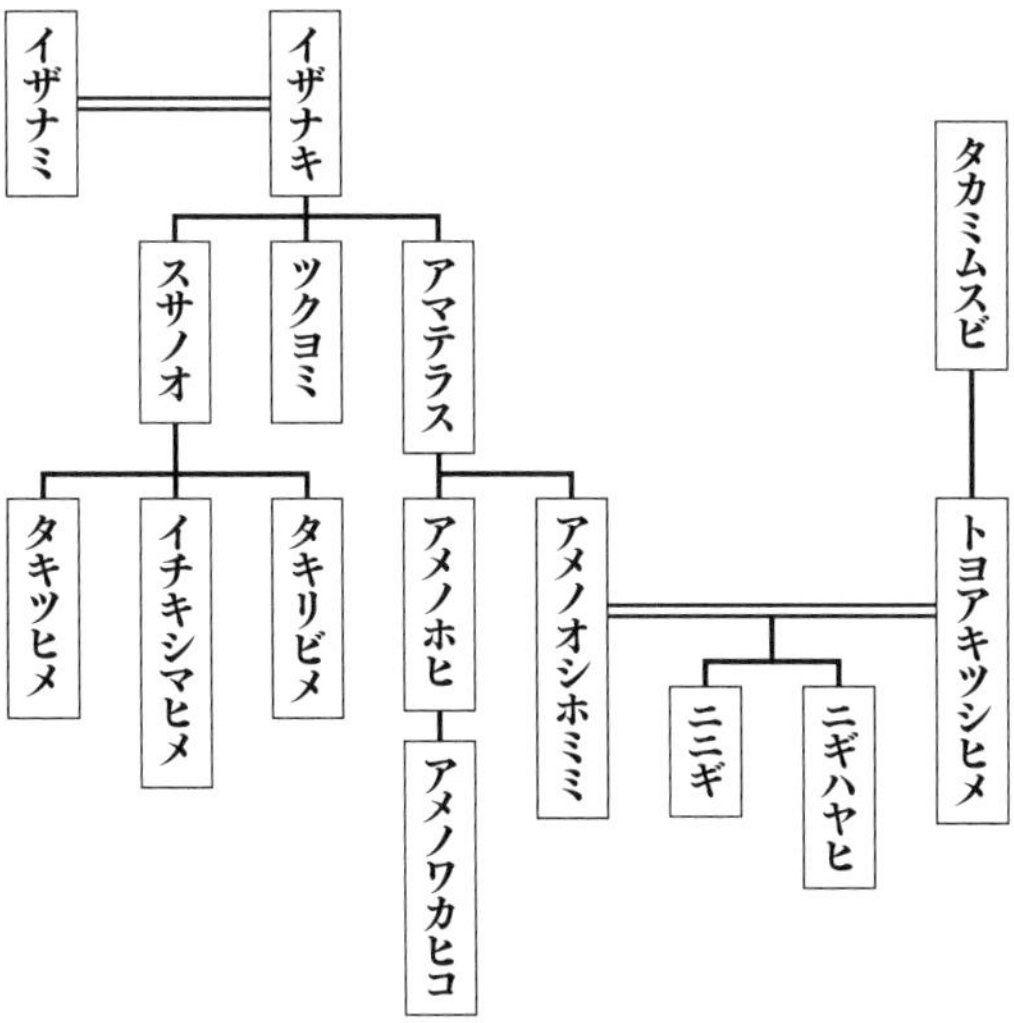

出雲の祖とされるスサノオの統治役割も、元の「出雲神話」では海原ではなく、おそらく地上世界だったと推察される。つまり元の「出雲神話」では、出雲の祖スサノオが神話の中心的な存在であり、アマテラス（太陽）とツクヨミ（月）の姉妹神は、スサノオを支える位置付けだったのではないだろうか。

『古事記』は、「出雲神話」を改変する際に、アマテラスを最高位の神としたいヤマト王権の意向に沿って、アマテラスの統治役割を昼の世界から神々が住む高天原に変え、スサノオの統治役割を地上世界から海原に変えたのだと思われる。

そもそもイザナキは高天原の盟主でもないのに、どうしてアマテラスに高天原の統治権を与えるという権限を持てるのだろう。

『古事記』概要❸「天の岩戸神話」

スサノオはイザナキに、海原を治めるようにと命ぜられたが、母のいる地の底にある根の国に行きたいと言い張ったため、海原を追放された。そのためスサノオは姉に別れを告げようと、高天原に向かった。しかしアマテラスはスサノオが攻めてきたのではないかと思い、武装して対応した。そこでスサノオは、アマテラスに清心を示そうとして、誓約《うけい》を申し出た。この誓約により、アマテラスが噛み砕いたスサノオの剣から宗像《むなかた》三女神が、スサノオが噛み砕いたアマテラスの持ち物から皇室の祖とされる天忍穂耳尊《アメノオシホミミノミコト》ら五柱神が生まれた。そしてスサノオの潔白が証明された。

その後、スサノオは高天原に住むことになったが、高天原で営まれる稲作や機織に対し、乱暴狼藉《らんぼうろうぜき》を働き、様々なトラブルを起こしてしまう。そのためアマテラスが怒り、天岩戸《あまのいわと》という洞窟に隠れてしまったため、世の中も闇に包まれてしまった。そこで天宇受売命《アメノウズメノミコト》等の神々は、アマテラスを岩戸から出そうとして、天岩戸の前で神楽《かぐら》等を行ったところ、なんとか成功する。そして世の中に再び光が満ち溢れるようになり、スサノオは高天原を追放された。

9　アマテラスは、何故、卑弥呼と似ているのか？

中国の史書『三国志』の『魏志』倭人伝に、卑弥呼という女王が、倭国の邪馬台国を治めていたと記されている。鬼道《きどう》を行い、夫を持たず弟がいて、彼女を助けたとある。

最近の天文学の研究によれば、卑弥呼が亡くなった年に、北九州で皆既日食が起きていることが知られている。そのため「天岩戸神話」は、卑弥呼が亡くなったことを物語るヤマト王権の神話であり、アマテラスとは卑弥呼のことであるとの説がある。確かにアマテラスと卑弥呼はよく似ている。また『古事記』で語られる、高天原での進んだ稲作技術や機織が営まれる日常も、弥生時代の農村風景を彷彿《ほうふつ》とさせる。何故だろう？

それはやはり卑弥呼が、ヤマト王権の祖アマテラスだからだろう。つまりヤマト王権が、「出雲神話」を基に「国造り神話」等を改変する際に、ヤマト王権の祖である卑弥呼を、「出雲神話」のアマテラス（スサノオの姉）になぞらえ、邪馬台国を高天原に置き換えたのではないだろうか。そのため卑弥呼が統治する邪馬台国すなわち高天原を、アマテラスの統治領域としたのだろう。おそらく高天原は、元の「出雲神話」では、単に出雲の神々が集まる場所のことであり、スサノオが統治する領域の一部だったに違いない。それは出雲同盟諸国に対して、ヤマト王権の祖である卑弥呼こそが、世界最高の神「太陽神アマテラス」なのだと、主張し説得するためであった。

伊勢神宮が設立されるより前、ヤマト王権で最も権威が高かったのは宇佐神宮（大分県宇佐）である。そして、その主祭神は比売《ヒメ》大神《オオカミ》（ヒメミコ）である。作家井沢元彦によれば、ヒメミコとは卑弥呼のことである。つまり古代には卑弥呼が、ヤマト王権の皇祖神ヒメミコあるいはヒメ大神として、祭祀の対象であったとしている。おそらく皇祖神ヒメミコは、アマテラス神話が創作された時に、ヤマト王権の神話上の皇祖神アマテラスに置き変えられたのだろう。

10　天の岩戸から再び現れたのは、誰か？

『魏志』倭人伝によれば、西暦二四七年頃に卑弥呼が死んだことが記されている。また最近の天文学研究によれば、西暦二四七年、二四八年と、珍しく二年続けて、北九州に皆既日食が起きたことが知られている。このことから、「天の岩戸神話」は卑弥呼の死が日食と関連付けられて、邪馬台国の人々に強く印象付けられ、ヤマト王権に伝承、創作された神話であるとの説が定説になっている。卑弥呼が死んだときは、七十二～七十三歳とされる。かなりの長寿であった。では、天岩戸から再び現れたのは誰だったのか？

『魏志』倭人伝には、卑弥呼の死後、男王が跡を継いだが、倭国に騒乱が起き治まらなかったので、卑弥呼の宗女《そうじょ》である台与《トヨ》を立てたところ、ようやく治まったと記されている。このことから天の岩戸から再び現れたのは、実はアマテラス（卑弥呼）ではなく、卑弥呼の跡を継いだ台与だとする説がある。またアマテラスが天の岩戸に隠れたために起きた暗黒の世界は、卑弥呼が死んだ後の倭国騒乱時代を表すとされている。ではトヨとは誰なのか。それについてはⅤ章29で述べることにする。

Ⅲ章　「出雲神話」の謎を解く

高天原を追放されたスサノオは出雲に降臨するが、以降『古事記』はスサノオとオオクニヌシが活躍する出雲を舞台とする「出雲神話」に移る。出雲王権創世記である。この「出雲神話」にも様々な謎がある。本章ではそれらの謎に迫る。

『古事記』概要❹「スサノオの出雲降臨」

高天原を追放されたスサノオは、出雲の斐伊川《ひいかわ》上流の鳥髪《とりかみ》に降り立つ。そこでスサノオは、八つの頭と尾を持つ「八岐大蛇《やまたのおろち》」の生贄《いけにえ》にされようとしている櫛名田比売《クシナダヒメ》と出会った。スサノオはヒメの両親の協力を得て、大蛇に強い酒を飲ませ、酔いつぶれたところを切り殺した。そのとき大蛇から見事な太刀を発見したので、それをアマテラスに捧げた。これが草薙剣《くさなぎのつるぎ》である。スサノオはヒメを妻とし、須賀に宮を営んだ。

11　スサノオの性格は、何故、出雲降臨以降に激変するのか?

あれ程、高天原で乱暴狼藉者だったスサノオは、出雲降臨後に突然、王に相応《ふさわ》しい、逞《たくま》しく優しい性格に激変する。何故だろう?

それは『古事記』の神話が、既に述べたように、元々存在した出雲王権の創生を語る「出雲神話」を基に、ヤマト王権の祖神アマテラスによる、ヤマト王権の創生神話に改変されたことを裏付ける。元の「出雲神話」では、おそらくスサノオは、朝鮮半島から渡来し、出雲に大陸の先進文化や鉄器文化を広めた出雲王権の祖神として、崇拝の対象だったのに違いない。『古事記』でイザナキがスサノオを海神と指名したのも、スサノオが朝鮮半島から渡来したとする「出雲神話」の伝承に留意したからではないだろうか。

例えば米子市宗像の宗形《むなかた》神社には、近くの船塚にスサノオが、朝鮮半島から三柱のヒメ神を連れ、一族と共に上陸したとの伝承がある。『古事記』に記されるスサノオの剣から生まれた宗像三女神の話も、この伝承を基に創られたと思われる。宗像三女神は海路の安全を守る神である。おそらく『古事記』で海神とされたスサノオの剣から生まれた娘だから、海路の安全を守る神とされたのかもしれない。宗像神社は全国に七〇〇〇社あり、その総本山である宗像大社は、福岡

図3-1　スサノオの活躍した出雲

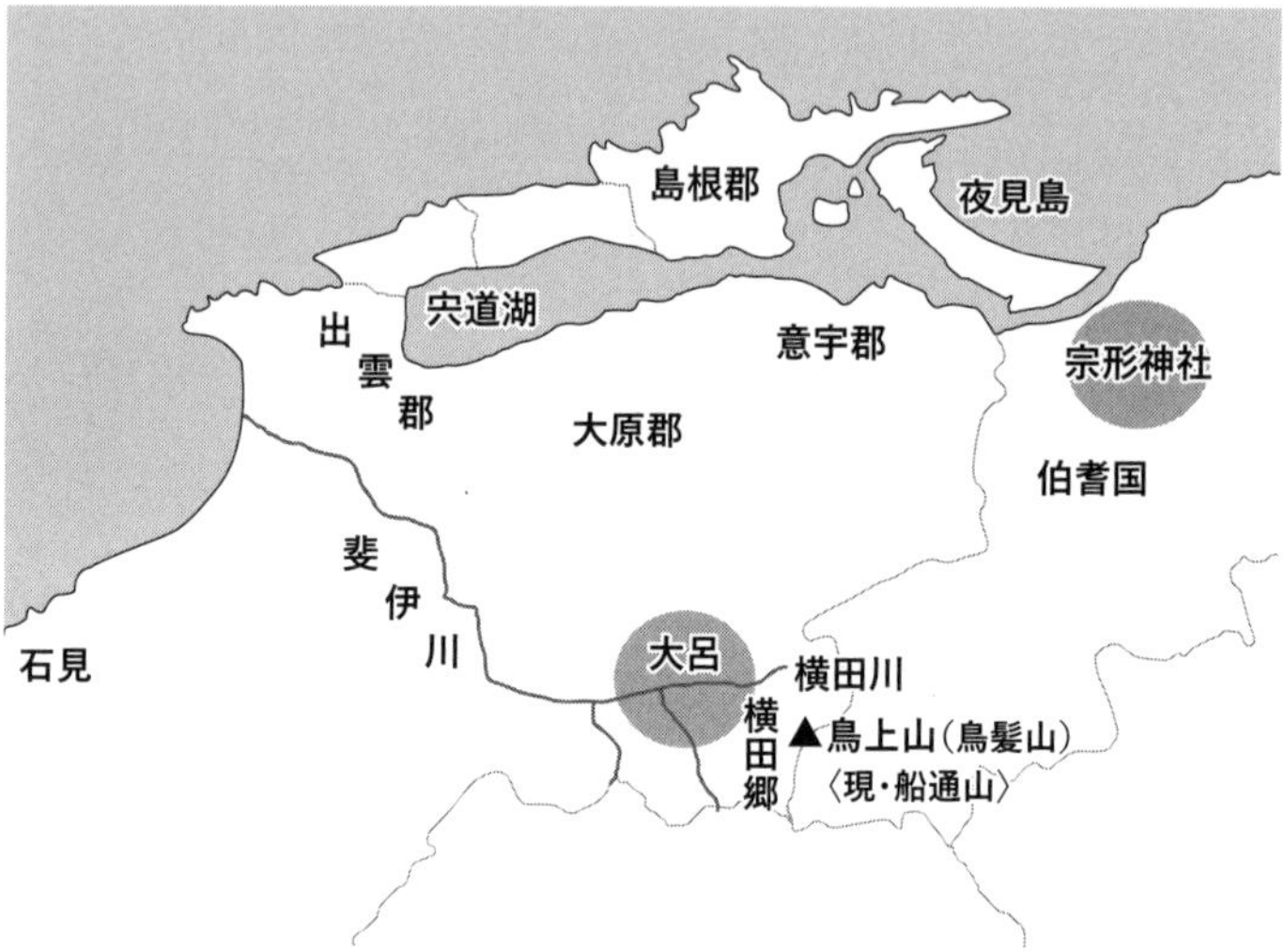

県宗像市にある。

12　八岐大蛇退治とは何だったのか？

スサノオの八岐大蛇退治とは何を象徴しているのだろう。

「八岐大蛇」伝説の舞台とされる島根県仁多郡横田町大呂《おおろ》は、たたら製鉄の産地としても知られている。「八岐大蛇」とは、鉄の酸化で赤茶け、当時しばしば氾濫した斐伊川のことであり、大蛇退治はスサノオがその治水に成功した話であるとの説がある。また、当時しばしば高志から来襲した山賊のことであり、スサノオが彼等を退治した話であるとする説もある。

いずれにしろ大陸から渡来したスサノオは、

この地域の災いの象徴であった大蛇を退治して、クシナダヒメを妻（妻問婚《つまどいこん》）としたのだろう。そしてこの地域を拠点として、地域の強みである鉄器文化と大陸の先進文化を武器に、地域豪族との争いを制しながら、出雲での勢力を急速に拡大し、やがて先進文化を誇る出雲王権の祖神となったのに違いない。

『古事記』概要❺「オオクニヌシの出雲制覇」

オオクニヌシは、八上比売《ヤガミヒメ》に求婚するため、兄弟神の八十神《ヤソカミ》達と因幡《いなば》へ向う途中、ヤソカミ達にいじめられた白兎を救った。それが縁でオオクニヌシはヤガミヒメと結婚することになる。しかし、ヤガミヒメと結婚できなかったヤソカミ達から恨みを買うことになり、殺されてしまう。ところがオオクニヌシは、母神と神産巣日神《カミムスビノカミ》の助けで生き返る。しかし、ヤソカミ達は諦めず、再びオオクニヌシを大木の割れ目に入れ挟《はさ》み殺した。この時もまた、母神の助けでオオクニヌシは蘇生し、スサノオが統治する根《ね》の堅州国《かたすくに》へと逃げた。

根の堅州国でオオクニヌシは、スサノオから蛇の室やムカデと蜂の洞窟で一夜を明かすことを求められたが、スサノオの娘の須勢理毘売《スセリビメ》の助けで、何とか窮地を脱した。その後も更に、スサノオから無理難題を要求されたが、これもスセリビメの機転で解決すると、スセリビメを連れ堅州国から逃げ出した。それを見てスサノオは、オオクニヌシにスセリビメを正妻とすることを命じ、太刀と弓矢を与え、地上の最高神「大国主神」の名を授け見送った。

オオクニヌシはその太刀と弓矢でヤソカミ達を退治して、スサノオから数えて七代目の出雲王権の王となり、国造りを始めた。

13　出雲神話は、何故、ほとんどがオオクニヌシの話なのか？

『古事記』で語られる出雲王権の神話は、スサノオとその七代目の王オオクニヌシの話がほとんどで、他の二代目から六代目の出雲王権の王について語られることはない。何故だろう。

それはオオクニヌシが、出雲王権の国威を最大にした王だったからだろう。オオクニヌシがスサノオから数えて七代目の王ということは、オオクニヌシの頃には、既にスサノオは出雲で鬼籍に入っていた筈で、オオクニヌシの神話に登場するスサノオとは、出雲王権の祖神族として出雲で既に大きな権力をもっていたスサノオ一族のことと考えるのが妥当だろう。

つまりこの神話は、オオクニヌシがスサノオ一族の娘との婚姻により、出雲王権の王として、その権威と勢力を一層拡大し、完全に出雲王権を統治するようになったことを示している。オオ

図3-2　オオクニヌシの結婚相手

クニヌシは出雲の先進文化を強みとし、全国各地の有力諸国との交流を深め、出雲ネットワークを発展させ、初めてその権威を全国に広めた王だったのだろう。

Ⅰ章で述べたように、古代は縄文時代から、海路を通じて各地域間で活発な文化交流や交易が行われていた。おそらく、出雲王権の勢力拡大戦略も、文化交流や交易を中心とする友好的なものであっただろう。広範囲の地域を統治する機構が未発達であった古代では、他地域への進出はまず婚姻（妻問婚）関係を軸に友好関係を構築し、地域を指導しつつ保有する高い先進文化を根付かせ、代わりにその地域の産物を得るというものだったのではないだろうか。

特にオオクニヌシは、因幡の白兎の逸話からも想像されるように、出雲王権の王の中でも優しく魅力に富んだ王であったと思われる。そのため、非常に広い範囲にわたる多くの有力な国の女神達と婚姻（妻問婚）関係を結ぶことに成功したのだろう。出雲王権の勢力範囲がオオクニヌシの時に全国に広がったのは、そのためと思われる。その勢力範囲は、伯耆（鳥取）、高志（北陸）、諏訪（長野）、宗像（北九州）、三島（大阪）、大和三輪（奈良）に及ぶ。そして各地域間には、出雲王権を中心とした、日本海沿岸の巨木文化等、縄文の名残《なごり》を残した類似の祭祀方式を持つ緩い統治同盟が形成されていたに違いない。

その結果、各地域の神社には、オオクニヌシが出雲同盟の神として、各地域の神と合祀《ごうし》され、様々な神話が創られていったのだろう。

14　何故、旧暦十月が、出雲では「神有月《かみありづき》」なのか？

一般に旧暦十月は「神無月」と呼ばれるが、出雲では「神有月」と呼ばれている。これは全国の八百万の神が、旧暦十月に出雲に集まるため、他の地域では不在となるからとされる。確かに出雲大社にはそのための宿坊まである。しかし何故、旧暦十月に八百万の神が出雲に集まるのだろう。また八百万の神が集まる所は高天原であるが、その主はアマテラスである。ということとは、ヤマト王権の祖であるアマテラスが出雲にいることになり、おかしい。何故だろう。

八百万の神が出雲に集まるとされるのは、おそらく全国の出雲同盟国の神々が、出雲王権の定例行事として、穀物の収穫が終わる旧暦十月頃に、それぞれの地方の特産物や貢物を持って、オオクニヌシの元に集まったことの名残なのではないだろうか。それらの神々とは、全国に散った出雲王権の高官や専門家達のことであり、旧暦十月はその帰省シーズンだったのかもしれない。

日本に暦が伝来したのは第二十九代欽明《きんめい》天皇の頃（五五三）とされる。全国の神々が旧暦十月に出雲に集まるという神話は、もうその頃には日本各地の常識になっていたに違いない。それはかつての出雲王権の勢力が、それ程強大であったことの証《あかし》でもあろう。そして旧暦十月を「神無月」とする呼称が、一般に定着することになったのだろう。

15　何故、膨大な「出雲神話」が存在したのか？

「出雲神話」が『古事記』の神話の約三分の一もの分量を占めるのは、『古事記』の神話が、出雲王権の伝承していた「出雲神話」を基に改編されたためと前に述べた。しかし何故、それ程膨大な「出雲神話」が存在したのだろう。

それは出雲王権がヤマト王権よりも早く全国にその勢力を拡大し、その権威が、大変強大であったからに違いない。そのことは、一九八四年に荒神谷遺跡《こうじんだにいせき》（島根県出雲市）から、弥生時代中期後半に製作されたとみられる大量の銅剣、銅鐸《どうたく》、銅矛《どうほこ》が出土したことからも裏付けられる。出雲には銅鉱山もあったことから、出雲王権は鉄器だけでなく青銅器もその強みとしていたことが推察される。墳墓の四隅《よすみ》から張り出しが伸びた特異な方形の「四隅突出墳」は、出雲王権の特徴的な古墳として知られているが、その分布は出雲から高志（北陸地方）に広がっている。このような特異な古墳を造れたことも、出雲王権の勢力がとても強大であったことを物語る。

出雲王権の権威が日本海（出雲）ネットワークを介して全国に広がった理由の一つが、縄文文化との親和性の良さにあることは前にも述べた。オオクニヌシを祀る出雲大社が、古代には巨木による高層の社であったことが、最近その遺構が発掘され確認されている。この巨木信仰も、日本海（出雲）ネットワークを介した出雲王権と縄文文化の交流の親密さを物語っている。巨木信仰は縄文文化を象徴する信仰として知られており、日本海沿岸には、直径八〇センチ位の巨大な古木を半分に割って環状にならべた縄文時代後期のチカモリ遺跡（石川県金沢市）や、直径九〇センチ位のクリの木を割って造られた縄文時代の真脇遺跡（石川県能登町）が存在する。青森県の三内丸山《さんないまるやま》遺跡には巨大な柱穴がいくつも見つかっている。また出雲王権の拠点の一つ信州の諏訪神社では、七年に一度、約八メートル、重量一トンもあるモミの神木一六本を境内に建てる有名な「御柱祭《おんばしら》」が行われている。

　そのような出雲王権の強大な権力が、膨大な「出雲神話」を生んだのだろう。そしてそれが後に出雲王権に代わり権力を強めようとしたヤマト王権による「国譲り神話」を生むことになったと思われる。

Ⅳ章　「出雲の国譲り神話」の謎を解く

出雲王権が葦原中国《あしはらのなかつくに》（地上世界）を支配し、隆盛を誇るのを見て、高天原はそれは本来、天を支配するアマテラスの子孫が支配すべき所だと主張し、オオクニヌシに「国譲り」を求めた。様々な軋轢《あつれき》の後、高天原はその「国譲り」に成功するが、そもそも無茶な要求である。しかもその神話には不思議な謎が満載である。本章ではそれらの謎に迫る。

『古事記』概要❻「出雲への国譲り要求」

アマテラスと共に高天原の最高意思決定者である高御産巣日神《タカミムスビノカミ》は、出雲のオオクニヌシが治める葦原中国は、本来は天を支配するアマテラスの子孫が支配すべきものと考えた。そこでまずアマテラスの御子の天忍穂耳命《アメノオシホミミノミコト》に葦原中国の支配を命じた。しかしアメノオシホミミは、葦原中国を服従させるのは難しいと言って、戻って来てしまう。

次にアメノオシホミミの弟の天菩比神《アメノホヒノカミ》が遣《つか》わされたが、彼も服従させるという使命を忘れ、オオクニヌシに親従《しんじゅう》してしまう。

次に遣わされたアメノホヒの御子の天若日子《アメノワカヒコ》も、オオクニヌシの娘と結婚し、結局八年を過ぎても復命しなかった。その調査のため、雉《きじ》の鳴女《ナキメ》が派遣されたが、逆にアメノワカヒコに弓矢で射殺されてしまう。その弓矢が高天原に届けられたため、タカミムスビが怒ってそれを投げ返すと、弓矢はアメノワカヒコの胸を貫き絶命させた。

16　何故、高天原は、オオクニヌシに国譲りを求めたのか？

「国譲り神話」は、高天原（邪馬台国）の出雲への侵略とその制圧の神話である。何故、高天原は、出雲への侵略を始めたのだろう。

オオクニヌシによる出雲王権の大躍進が始まったのは、卑弥呼の晩年辺りからではないだろうか。邪馬台国について記す『魏志』倭人伝に出雲についての記述がないことから、おそらく卑弥呼が全盛の頃は、まだ出雲王権の権威は、それ程強大ではなかったのではないかと推察される。

卑弥呼の晩年にかけて、オオクニヌシによる出雲王権の勢力拡大が顕著になり、おそらく邪馬台国の周辺諸国に対する権威が、相対的に低下し始めたのだと思われる。周辺諸国が次々と、友好的で縄文文化の雰囲気を残す出雲王権になびき始め、強圧的で弥生的な邪馬台国とは距離を置き始めたのではないだろうか。『古事記』でも、出雲のオオクニヌシが、先に葦原中国を支配したと明記していることから、その推察が裏付けられる。

天の岩戸事件（卑弥呼の死）後『古事記』では、タカミムスビが高天原のほとんどの意思決定に関与しているため、少なくとも卑弥呼の死後は、タカミムスビが邪馬台国の実権を握ったと考えられている。タカミムスビは、大伴氏《おおともし》、佐伯氏等、伴造《とものみやつこ》系氏族の祖先とされており、その娘の万幡豊秋津師比売命《ヨロズハタトヨアキツシヒメノミコト》はアメノオシホミミの妻である。

『魏志』倭人伝によれば、卑弥呼の死後、その子孫が邪馬台国を継いだが治まらず、諸国に騒乱が起きたとある。卑弥呼の死後起きたとされる倭国騒乱とは、この出雲王権の勢力拡大の動きにより引き起こされたのではないだろうか。おそらく卑弥呼の晩年には、もうその動きは始まっていたと思われる。だから卑弥呼の死後、タカミムスビは、出雲王権の勢力拡大を恐れ、出雲王権や諸国への積極的な侵略を始めたのに違いない。出雲王権への侵略から始めたのは、出雲王権が、文化レベルが高く、邪馬台国（ヤマト王権）にとって最強のライバル国であったからであろう。

17　何故、高天原は、出雲を敵対視し続けたのか？

古代の他国への侵略は、先述したように、まずその地域の豪族の娘と結婚して地域に馴染み、自国の文化を広めつつ統治範囲を広めていくというやり方だったと考えられる。『古事記』によれば出雲王権に対しても同様のやり方だったと思われる。しかしまずアマテラスの長男アメノオシホミミが命じられたが断念。次に派遣されたアマテラスの次男アメノホヒも、逆に出雲王権に取り込まれてしまう。その次に派遣されたアメノホヒの御子のアメノワカヒコに至っては、逆に高天原と袂《たもと》を分かつ始末で、結局高天原の出雲侵略は全て失敗に終わる。

『古事記』の記述からも、出雲王権は文化レベルが高いだけでなく、友好的な文化風土を持つ国であったことが分かる。それなのに何故、高天原（邪馬台国）は出雲王権を敵対視し続けたのだろう。

それは、太平洋（秦）ネットワークの商圏《しょうけん》が、全国に急拡大する出雲ネットワークの勢いに押され、侵食されてきたからではないだろうか。そのため、従来、邪馬台国と親密な関係にあった太平洋（秦）ネットワークは、邪馬台国を動かしその力を借りて、その問題を解決しようとしたのだろう。またそれはタカムスビにとっても、太平洋（秦）ネットワークと共に高天原の権威を全国に拡大する好機と捉えていたのに違いない。それこそが、高天原（邪馬台国）が出雲王権をライバル視し、敵対し続けた要因であり、おそらく倭国騒乱の原因でもあったと思われる。

『古事記』概要❼「出雲制圧」

高天原が次に出雲に派遣したのは、強力な武神の建御雷之男神《タケミカヅチノオノカミ》である。タケミカヅチは稲佐の浜で、剣の柄を海に刺し立て、刃の切っ先に胡坐《あぐら》をかいて、オオクニヌシに国を譲れと迫った。そこでオオクニヌシは、漁に出かけている御子の事代主神《コトシロヌシノカミ》を呼び戻し、意見を求めた。コトシロヌシは国譲りを認め、自らの船を踏んで傾け、天の逆手《さかて》を打ち、船を青葉の柴垣に代え、その中に隠れてしまった。

他に意見を求めるべき子はいるかとタケミカヅチに聞かれ、オオクニヌシは建御名方神《タケミナカタノカミ》と答える。そしてやってきたタケミナカタと、タケミカヅチとの力比べが始まった。その結果はタケミカヅチの圧勝に終わる。タケミナカタは諏訪まで逃げて命乞いをし、諏訪から一歩も出ないことを誓って、国譲りを認めた。

そこでオオクニヌシは、「太い宮柱を立て、大空にそびえる天神《あまつかみ》の神殿のような立派なすまいを造ってくれるなら」と国譲りを了承し、幽界に身を引き静かに暮らすと答えた。

18　タケミナカタは、何故、諏訪まで逃げたのか？

タケミナカタはタケミカヅチとの戦いに負けた後、何故、出雲から諏訪まで逃げたのだろう。タケミナカタは、歴史書『先代旧事本紀《せんだいくじほんぎ》』によれば、神氏《じんし》（諏訪氏）の祖神で、オオクニヌシと高志の高志沼河姫《コシノヌナカワヒメ》の子とされる。Ⅰ章で述べたように諏訪は、古代の貴重品であった翡翠や黒曜石の産地に近く、元々古代文化の中心地の一つであった。そのため諏訪氏は有力豪族として、出雲王権の有力な同盟国の一つであったと思われる。おそらくタケミナカタは、出雲ではなく元々諏訪に住んでいたのであろう。また当時の交通状態や兵站の点から考えて、タケミカヅチが出雲から諏訪まで追撃することは、無理であったに違いない。つまり出雲でのタケミカヅチとタケミナカタの戦いは、実際にはなかったのではないだろうか。ではこの神話は何を意味しているのだろう。

諏訪氏が実際にヤマト王権に服従したのは、おそらくヤマト王権の権威が全国に広がった第十代崇神天皇の頃ではないかと思われる。つまり『古事記』に記されたタケミカヅチとタケミナカタとの戦いは、後のヤマト王権の崇神天皇による諏訪氏の制圧を、オオクニヌシも了承した話だと、出雲同盟の国々に対して正当化するために創作された神話だったのではないだろうか。

図4-1　タケミナカタの逃走経路

19　「出雲の国譲り」の後、出雲と高天原の戦いはどうなったのか？

前述のように、「出雲の国譲り」が後に創作された神話であり、実際は国譲りは行われず失敗に終わったのだとすれば、その後、出雲王権と高天原の戦いはどうなったのだろう。

おそらく出雲に、アマテラス（卑弥呼）の御子アメノホヒ系の豪族等、親高天原系の豪族国がいくつか生まれはしたが、それだけで出雲王権と高天原の戦いは、ひとまず治まったのではないだろうか。つまり依然として出雲同盟国の勢いは強力で、出雲同盟国と高天原の緊張状態は続いたままだったと思われる。

そして高い文化と友好的な風土を持つ出雲王

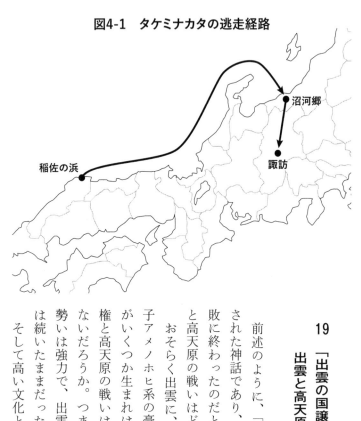

権を信頼する出雲同盟国は、日本海沿岸の出雲ネットワークを通じて全国に広がり繁栄を続け、高天原（ヤマト王権）の最大のライバルであり、敵対関係であり続けたに違いない。

では「出雲の国譲り」が成功したのはいつ頃だったのだろう。少なくとも『魏志』倭人伝に記される倭国騒乱が治まったトヨの頃（二三五～没年不明）ではなかったのではないだろうか。

20　何故、タケミカヅチが「出雲の国譲り神話」での立役者なのか？

『古事記』ではタケミカヅチを、「出雲の国譲り神話」における最大の功労者と記している。しかし前述のように、高天原（ヤマト王権）による出雲王権の制圧は、失敗の連続であり、女王トヨの時代にようやく小康状態になったものの、実際にヤマト王権が出雲王権を制圧したのは、もっと後と思われる。では何故『古事記』では、タケミカヅチを「出雲の国譲り神話」での立役者としたのだろう。

タケミカヅチは、元は常陸《ひたち》（茨城県）の多《おお》氏が信仰する鹿島神宮の祭神であった。その後、常陸で中臣《なかとみ》氏が有力になり多氏を凌駕《りょうが》するようになると、中臣氏の守護神として中臣氏の祖とされた。常陸出身の中臣氏は、早い時期から太平洋（秦）ネットワークでの活動でヤマト王権と交流があり、やがてヤマト王権に仕え、中央氏として神事・祭祀をつかさどるようになったと思われる。ヤマト王権で勢力をのばした中臣氏は、六世紀に春日大社を設立した際、タケミカヅチを一族の氏神として祀っている。またヤマト王権による東国進出の際には、鹿島が重要な戦略拠点になった。この時に、タケミカヅチは、戦勝祈願対象の神となり、ヤマト王権にとって重要な神になったのであろう。

中臣氏は、その後中臣鎌足《かまたり》の時、第三十八代天智《てんぢ》天皇（在位六六八〜六七二）により藤原の姓を賜り、鎌足の息子・不比等《ふひと》の時代に始まった『古事記』編纂の頃には、ヤマト王権最大の権力者であった。『古事記』でタケミカヅチが、「出雲の国譲り神話」の立役者として創作されたのは、『古事記』編纂の頃、ヤマト王権の最大の権力者だった藤原氏が、圧力をもってその権威を『古事記』の神話で裏付けようとしたからと思われる。

21　ヤマト王権による出雲制圧は、いつ頃完遂できたのか？

先述のようにタケミカヅチが立役者の「出雲の国譲り神話」が、後に創られたものだとするなら、ヤマト王権による出雲制圧はいつ頃完遂できたのだろう。

『古事記』によればヤマト王権が諸国を平定したのは、第十代崇神天皇の頃とされる。出雲の制圧もおそらくその頃ではないだろうか。歴史書『先代旧事本紀』によれば、崇神天皇により、アマテラスの御子アメノホヒの十一世子孫が、出雲国造《くにのみやつこ》に任命されている。国造とは、大化の改新以前のヤマト王権の行政区分である国の長のことで、地域の有力豪族をヤマト王権に帰順させ、任命したとされる。崇神天皇は出雲制圧の証《あかし》として、ヤマト王権に近いアメノホヒの子孫を、出雲国造として任命したのだと思われる。ちなみにタケミナカタが祀られる諏訪大社がある信濃国造も、崇神天皇により任命されている。これも出雲制圧の証だったのに違いない。

このように崇神天皇の治世に、精力的に出雲同盟国を含む諸国の平定が進められたが、それでも出雲同盟国の勢力は強かったに違いない。しかも当時のヤマト王権は、兵力も十分ではなく強力な統治が無理なこともあって、その後も出雲同盟国を有力な対抗勢力として、特別扱いせざるを得なかったと思われる。従ってヤマト王権は、ヤマト王権による出雲統治の正統性を、出雲同盟国に対して納得させる必要があった。そのために出雲王権の偉大な王であるオオクニヌシが、ヤマト王権の祖アマテラスに国を譲ったという「国譲り神話」が創作されたのに違いない。またその創作に合わせて、女王卑弥呼がアマテラスであるとする「国生み神話」も「出雲神話」を改変して創作されたのではないだろうか。

それでも出雲統治は難しかったのであろう。そのため第十二代景行天皇の治世に、倭建命《ヤマトタケルノミコト》による出雲征伐が行われた。おそらくその後も出雲は、ヤマト王権の最有力な対抗勢力であり続けたに違いない。

22 出雲大社は、何故、特別な神社とされたのか？

「出雲の国譲り」の結果、創建されたとされる出雲大社は、天孫降臨に関わる伊勢神宮に次ぐ特別な神社として敬われてきた。同じように創建が古く、拝礼時に二礼四拍手一拝という特別な作法がとられるのは、他に宇佐神宮のみである。何故、出雲大社が特別の神社とされたのだろう。また先述のように、タケミカヅチによる「出雲の国護り神話」が後の世の創作だとすれば、いつ頃、出雲大社は創建されたのだろう。

『出雲国風土記』によれば、出雲大社はオオクニヌシが亡くなった時、オオクニヌシを祀るために出雲の神々が集まり宮を築いたのが、その始まりとされる。つまり出雲大社は、元は出雲王権の偉大な王であるオオクニヌシを奉じる氏神神社だったと思われる。出雲同盟国には縄文文化の名残の巨木技術があり、おそらくその技術を駆使して、オオクニヌシのために大空にそびえるような社《やしろ》が建てられたのだろう。

その後ヤマト王権が出雲大社を造営したのは、オオクニヌシの祟りを恐れたためであり、その鎮魂のためだとする説が知られている。第十代崇神天皇の頃、ヤマト王権の権勢が高まるにつれ、出雲に対する圧力が強まり、ヤマト王権との間に生じた様々な軋轢《あつれき》を圧殺し、出雲の怨みを買うことも多かったに違いない。その恐れから後述（Ⅶ章、Ⅷ章）のように、様々な不幸な出来事が、全てオオクニヌシの祟りとされたのだろう。ヤマト王権が初めて、出雲に大規模な社の出雲大社を建てたのは、第十一代垂仁《すいにん》天皇のときであるが、それもオオクニヌシの祟りを逃れるためであった。

出雲大社はそれ程強大で特別な存在であった。その後出雲大社の祭祀は、アマテラスの御子アメノホヒを祖とする出雲国造家が、創建以来現在に至るまで、宮司として担っている。おそらくそれは、祟りを恐れるがあまり、オオクニヌシを監視しつつ見守るためではないだろうか。かくして出雲大社は、特別な神社になったのである。

ヤマト王権の創設

V章　「ニニギの天孫降臨神話」の謎を解く

「出雲の国譲り」の後、葦原中国《あしはらのなかつくに》（地上世界）支配のために、高天原から天孫ニニギが降臨したのは、出雲ではなく、何故か日向《ひむか》であった。そしてこの謎以外にも、「ニニギの天孫降臨神話」には、ヤマト王権創成の鍵を解く様々な謎が秘められている。本章ではそれらの謎に迫る。

『古事記』概要❽「ニニギの高千穂への降臨」

「出雲の国譲り」を終えたアマテラスとタカミムスビは、葦原中国の支配をアマテラスの子のアメノオシホミミに任せようとしたが、アメノオシホミミは自らの代わりに、息子の邇邇《ニニ》芸命《ギノミコト》を降臨させるように頼んだ。そしてニニギが、八尺勾玉《やさかのまがたま》と八咫鏡《やたのかがみ》、草薙剣の三種の神器を与えられ、天宇受売命《アメノウズメノミコト》他八神を従えて天下る。このうちの五神を五伴緒《いつとものお》と言う。天下りの途中で、国津神《くにつかみ》の猿田毘古神《サルタヒコノカミ》が現れ、案内役を買ってでた。そしてニニギ達は、九州の日向《ひむか》の高千穂《たかちほ》の霊峰に降臨した。

ニニギは笠沙《かささ》の岬で、木花之佐久夜毘売《コノハナノサクヤビメ》を見初める。そして結婚の許可をもらおうと、親の大山津見神《オオヤマツミノカミ》に申し出た。するとオオヤマツミは、コノハナノサクヤビメだけでなく、姉の石長比売《イワナガヒメ》も同時に貰って欲しいとニニギに頼んだ。しかしニニギは、イワナガヒメの容姿が劣っていたため、姉を返してしまう。オオヤマツミは、「イワナガヒメは御子の命が永遠に永らえることを可能にし、コノハナノサクヤは花のごとく栄えることを可能にする娘だった。それなのに、妹だけを求めてしまったので、御子の命は、もう限りあるものになってしまうだろう」と嘆く。

23　ニニギは、何故、出雲に天下らなかったのか？

『古事記』は、「出雲の国譲り」によりタケミカヅチによる出雲制圧が完了し、環境が整ったのでニニギが天下ったと記す。しかしそれなら何故ニニギは、出雲に天下らなかったのだろう。

それは前述のように、出雲制圧という事実が、実はなかったということを裏付けているのではないだろうか。「出雲の国譲り神話」は、後の第十代崇神天皇の頃に、出雲を制圧するというヤ

図5-1　アマテラスの系譜

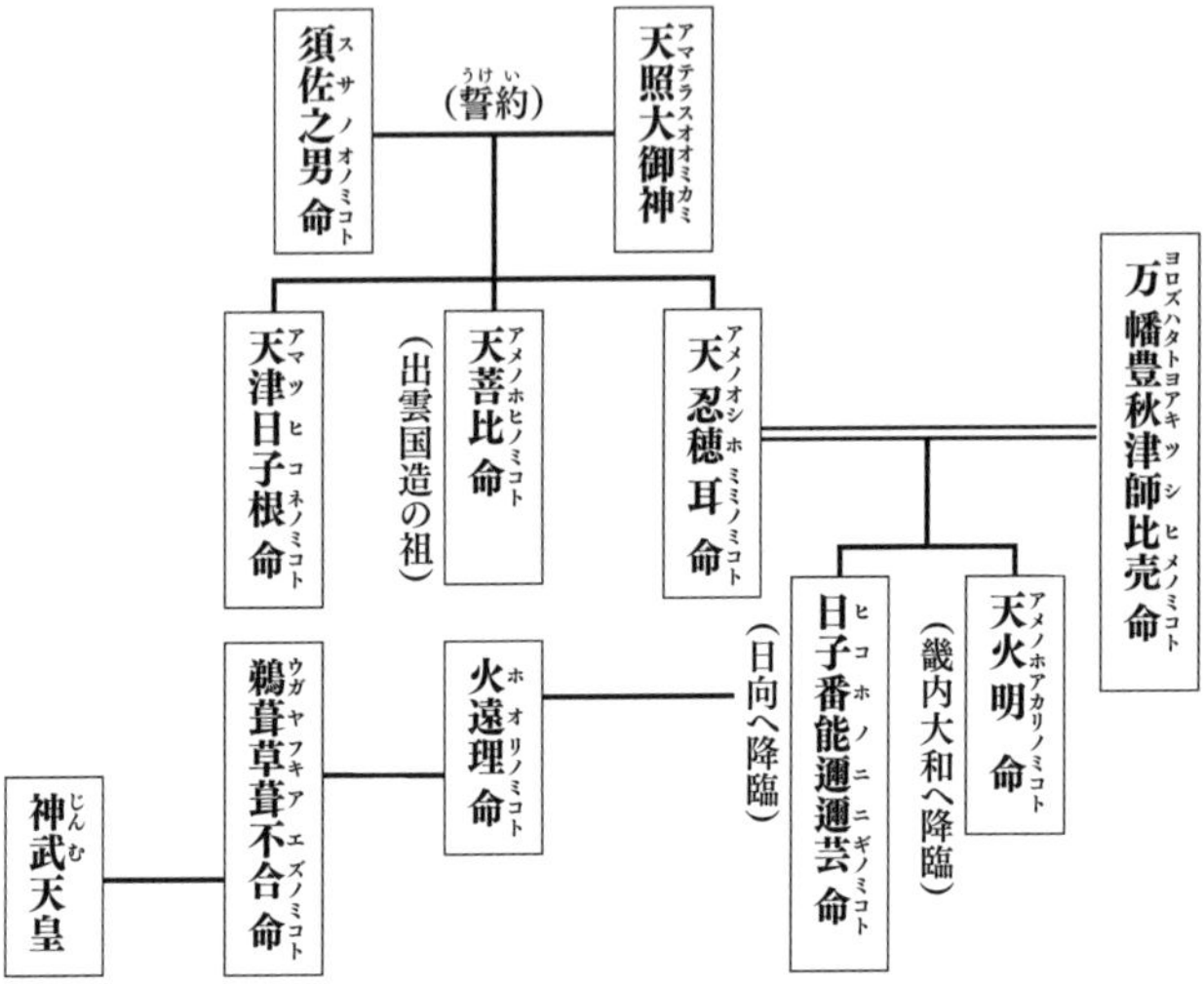

マト王権の政治的な意図の基に、創作された神話だと思われる。つまりニニギが降臨した頃はまだ、出雲王権は高天原（邪馬台国）のライバルとして、依然として強大な勢力のまま存在していた筈で、そもそも出雲統治がニニギの天下りの目的ではなかったに違いない。しかも出雲には、高天原（邪馬台国）から、既にアメノホヒやアメノワカヒコが降臨していたのだからなおさらである。

　卑弥呼は大変長寿だったが、前述のように、その晩年には高天原（邪馬台国）の実権は、タカミムスビに移っていたと思われる。『古事記』では「天の岩戸」事件以降、アマテラスの直接指示が激減し、タカミムスビとの共同指示になる。それは遅くとも卑弥呼の死後には、高天原（邪馬台国）の実権がタカミムスビに移っていたことを物語る。ニニギがアメノオシホミミの代わりに天下ることになったのも、卑弥呼（アマテラス）が長寿だったため、その御子のアメノオシホミミが既に高齢であったからだろう。

タカミムスビは卑弥呼の晩年、出雲王権の勢力拡大を恐れて、出雲王権やその他の地域への進出を活発化し始めたのであろう。『魏志』倭人伝に記される倭国騒乱は、そのために始まったのではないだろうか。卑弥呼の晩年、タカミムスビの勢力拡大戦略により、高天原（邪馬台国）から出雲、南九州、吉備、大和等へと、日本各地への積極的な進出が始まったと思われる。例えば大和には、天孫のニギハヤヒが、初代神武《じんむ》天皇の東征の前に、既に高天原から天下っていたことが、『古事記』に記されている。

ニニギの天孫降臨も、出雲の勢力拡大を恐れた高天原（邪馬台国）の勢力拡大戦略の一環だったのに違いない。

24　ニニギは、何故、日向に天下ったのか？

ニニギが日向の高千穂に天下ったのは、おそらく日向制圧が目的だったのに違いない。では何故、南九州の日向だったのだろう？

図5-2　高千穂・豊国・熊襲国の位置

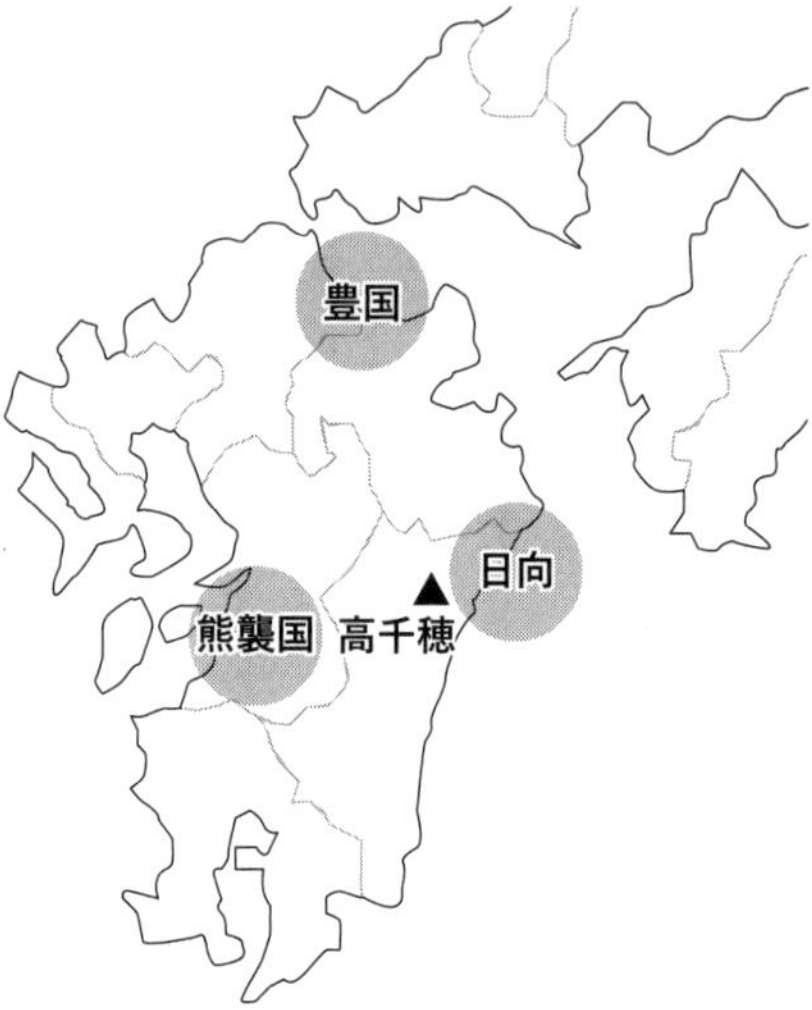

それは日向が日向灘に面し、高天原（邪馬台国）とは太平洋（秦）ネットワークを介して繋がっていたからではないだろうか。日向は秦氏の北九州拠点であった豊国に隣接しており、海人である秦氏との交流が大変活発だったと推察される。つまり日向は高天原（邪馬台国）にとって親近国であり、同じ南九州でも敵対する熊本地域の熊襲国（クマソ）とは異なり、比較的勢力展開が容易な地域だったのだろう。また、日向に高天原（邪馬台国）の拠点を確立することは、クマソに対抗する上でも大きな意味があったに違いない。

古代の他地域への進出は、兵站の問題があり当時の交通状況を考えれば、普通は一〇人程度のチーム編成でなされたのではないだろうか。ニニギの天下りでも、同行したのは八神である。古代の兵站は、基本的には現地調達に頼らざるを得なかった。そのため、まず地域の豪族と親しくなり、その豪族の娘を娶って地域に根付き、先端技術を伝授しつつ地域の豪族と協力して開拓地を広げ、勢力拡大を図るというのが一般的だったと思われる。

『古事記』のニニギとコノハナノサクヤビメの物語も、そんな状況を描いている。従って未開拓地が多かった古代では、他地域への進出は、侵略というよりは植民と言った方が良いのかもしれない。そのため進出チームも、経営や祭祀や文化、技術等の専門家一〇人程度で編成され、それぞれが専門分野を分担しつつ、開拓し植民を進めたのではないだろうか。

ところでニニギの天孫降臨の際に同行した神々である五伴緒《いつとものお》の内、天児屋命《アメノコヤノミコト》と布刀玉命《フトダマノミコト》の二神は、『古事記』編纂時にヤマト王権を支えていた有力氏族である中臣氏と、忌部《いんべ》氏の祖とされる。このことからも『古事記』編纂には、ヤマト王権の有力氏族の意向が強く反映されていたことが分かる。

25　サルタヒコとは何者か？

ニニギの天孫降臨の際に、日向への道案内を務めた国津神のサルタヒコとは、何者だろう。

『日本書紀』では、サルタヒコは天孫降臨に同行した後、アメノウズメと結婚し、故郷の伊勢国五十鈴《いすず》川の川上へ帰ったと記す。日向への道案内を務め、かつ故郷が伊勢国であることから、サルタヒコは太平洋（秦）ネットワークにおける有力豪族の一人であったと思われる。とすればニニギの天孫降臨は、太平洋（秦）ネットワークを実質的に仕切る秦氏の支援を得て、実施されたことが推察される。

『日本書紀』によれば、サルタヒコは鼻が異様に長く、背丈も大変大きかったとされる。そのためサルタヒコを天狗の原型とする説がある。いずれにしろ一般的なアジア人の外形とはかなり異なっていたようである。おそらくユダヤ人の血筋だったのではないだろうか。この記述からも、Ⅰ章で述べたように秦氏におけるユダヤ人の血筋の跡が窺える。

26　アメノウズメとは何者か？

アメノウズメは「天の岩戸神話」で、エロティックな踊りで高天原の神々を大笑いさせ、岩戸の中からアマテラスを引き出すことに貢献した神である。そのため芸能の神とされている。「天の岩戸神話」は、Ⅱ章で述べたように、『魏志』倭人伝に記された卑弥呼の死と、卑弥呼の後継者トヨの二代目女王就任（三世紀）を象徴しているとする説がある。とすればアメノウズメは、トヨの二代目女王就任に大いに貢献した神であることになる。アメノウズメとは一体何者なのだろう。

アメノウズメは、ニニギの天孫降臨に随行してサルタヒコと出会い、その後、二人は結婚したとされる。その後二人はサルタヒコの故郷の伊勢国へ帰ったとされるが、結婚後アメノウズメは、太平洋（秦）ネットワークの有力豪族であるサルタヒコと共に、しばらくはその拠点の豊国にある秦王国で暮らすようになったと考えても不思議はない。

後述するが、実はトヨは秦王国の王女だったのではなかろうか。アメノウズメは結婚後、秦王国で暮らすうち、やがてトヨの側近として仕えるようになったのではないだろうか。その結果、高天原のロビー活動でも活躍し、トヨの二代目女王就任に貢献することになったのだろう。

「天の岩戸神話」が、先述のように卑弥呼の死とトヨの二代目女王就任を象徴しているのだとすると、この神話が創られたのは、トヨの邪馬台国二代目女王就任の後になる。つまり、『古事記』の記述とは異なり、実際の歴史の推移は、まずニニギの天下りが行われ、サルタヒコとアメノウズメの結婚があり、その後に卑弥呼の死、次いでトヨの女王就任という順だったのではないだろうか。

いずれにしろサルタヒコとアメノウズメは、ヤマト王権の創成に大きな貢献をした神々として、ヤマト王権の神話になり、崇拝される存在になったのだろう。

27 多くの降臨した天孫の中で、何故ニニギだけが特別扱いなのか？

高天原から降臨した天孫は、前述のようにニニギの他にも、出雲へのアメノホヒ他、多数存在する。それなのに、何故ニニギの天孫降臨だけが、『古事記』では特別な出来事として記述されているのだろう。

それはニニギが、後に東征して倭国を統一し、ヤマト王権を創成した神武一族の祖先であるからに他ならない。つまりヤマト王権の創生史を綴る『古事記』は、ヤマト王権が、高天原（邪馬台国）の正統な後継者であると、明言しているのである。

『古事記』概要❾「日向三代」

ニニギと結婚したコノハナノサクヤビメは、火照命《ホデリノミコト》、火須勢理命《ホスセリノミコト》、火遠理命《ホオリノミコト》の三人の子を生んだ。やがて長兄のホデリは海で魚を採り、末弟のホオリは山で猟をして暮らすようになり、それぞれ海幸彦、山幸彦と呼ばれるようになった。

ある日、山幸彦は海幸彦から釣り針を借りて釣りをした。しかし魚はとれず、釣り針もなくしてしまった。

それで山幸彦が悲しんでいると、塩椎神《シオツチノカミ》がやってきて、海神国《わたつみ》へ行き探してもらうことを勧めた。そこで山幸彦が海神《ワタツミ》の宮殿を訪ねると、ワタツミに大いに歓待され、やがてワタツミの娘の豊玉毘売《トヨタマビメ》と結婚することになった。そして楽しく過ごし三年がたったとき、山幸彦はようやく釣り針を探しに来たことを思い出した。釣り針は直ぐに見つけてもらえたので、山幸彦は故郷に帰ることにした。別れに際しワタツミは、兄を懲《こ》らしめる呪文と潮の満ち引きを操《あやつ》る玉を山幸彦に授けた。

故郷に帰った山幸彦は、些細なことから兄の海幸彦と仲違いをし、やがて戦闘に発展する。しかしワタツミから授けられた呪文と玉により勝利を得た。その後、海幸彦は山幸彦に服従することになり、隼人《はやと》と呼ばれるようになった。

山幸彦と結ばれたトヨタマビメは、その後、懐妊し出産することになった。トヨタマビメは産室に入り陣痛が始まるとき、山幸彦に絶対に出産の様子を覗《のぞ》かないようにと頼む。しかしかえって気になった山幸彦は、こっそりと覗いてしまった。するとそこには、ワニ(鮫《さめ》)の姿になった妻の姿があった。その姿を見られたトヨタマビメは、生まれた御子、鵜葺草葺《ウガヤフキ》不合命《アエズノミコト》を残し、海神国に帰ってしまう。そして御子の養育のため、自らの代わりに妹の玉依《タマヨリ》毘売命《ビメノミコト》を送った。やがて成長した御子はタマヨリビメと結婚し、タマヨリビメは四人の御子を生んだ。その末子が神倭伊波礼毘古命《カムヤマトイワレビコノミコト》で、後の初代神武天皇である。

28 海神国とは、何処のことだったのか？

山幸彦が訪れた海神国とは、何処だったのだろう？　また日向の海岸に現れた海神国をよく知るシオツチノカミとは、一体何者だったのか。

日向の海岸をよく知ることから、シオツチノカミは太平洋（秦）ネットワークを仕切る、秦氏の海人と考えるのが妥当だろう。とすれば海神国とは、豊国にあったとされる秦王国のことで、海神とは秦王国の王のことではないだろうか。

つまり山幸彦は、兄の海幸彦と仲違いした後、日向の海岸で秦氏の海人に出会い、秦王国に連れていかれ、そこで歓待されて三年間過ごし、秦王国の王の娘トヨタマビメと結ばれたのだろう。そして山幸彦は秦王国の助けを得て、海幸彦と戦い、日向国を制圧したのだと思われる。

山幸彦に服従した海幸彦の勢力である隼人は、日向の南の鹿児島辺りの海人を中心とする勢力

図5-3　日向三代の系図

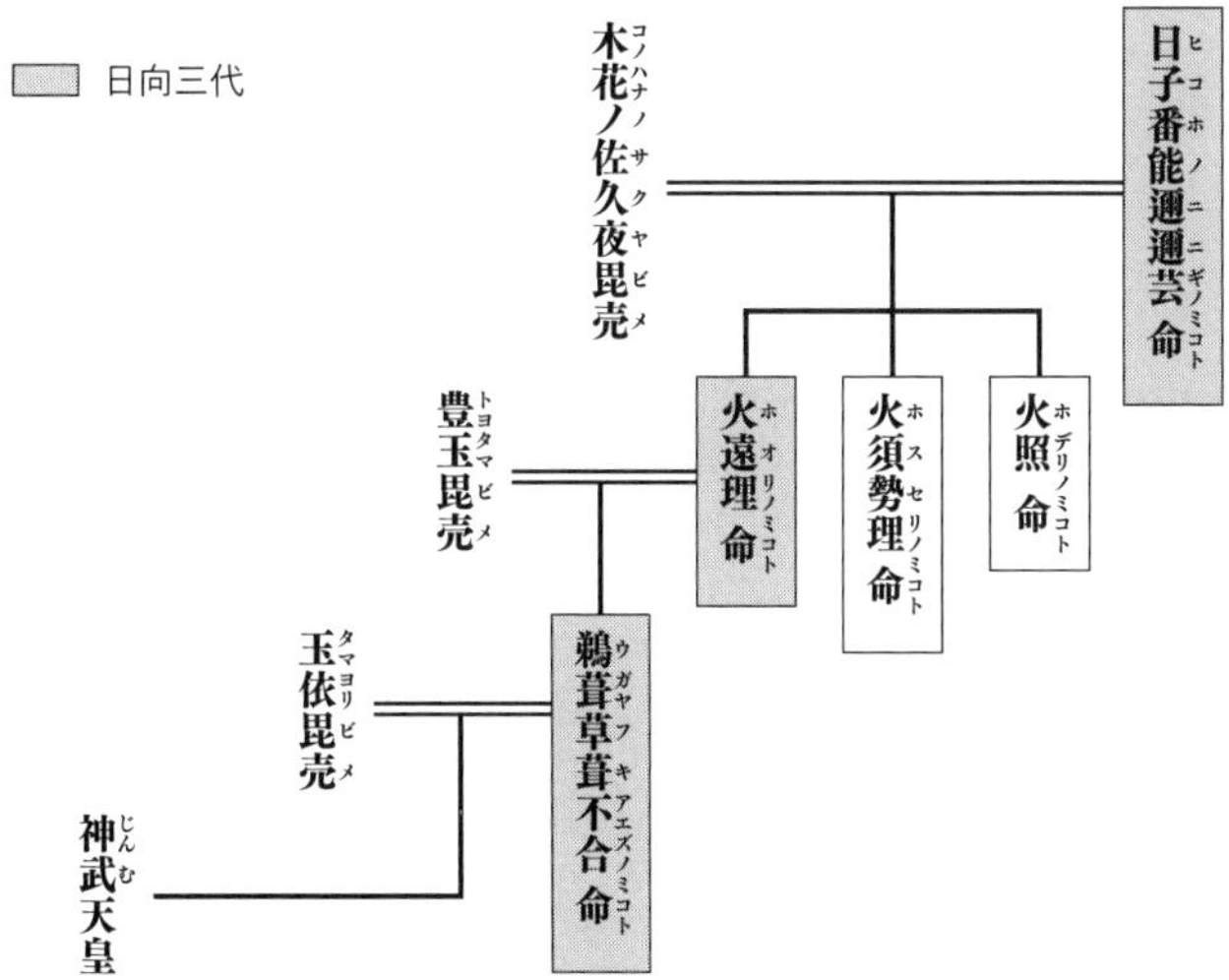

で、おそらく同じ海人国の秦王国とは、それまでも利害が対立する関係だったのではないだろうか。秦王国は、山幸彦を使って日向と隼人の制圧に成功したのである。

29　トヨタマビメとは、何者か？

『古事記』は、トヨタマビメが御子を出産する際、ワニの姿になっていたと伝える。ワニとは鮫のことである。女性にとって出産は大変な出来事であり、出産時の姿がワニのように見えたのかもしれない。いずれにしろこの話は、トヨタマビメが並の人とは違う、シャーマン的な存在だったことを物語っている。トヨタマビメとは、一体何者だったのだろう。

その姿を見られたため『古事記』では、トヨタマビメは海神国つまり秦王国（豊国）に戻って行ったと記されている。では秦王国に戻ったトヨタマビメは、その後どうなったのだろう。

トヨタマビメは、秦王国で『魏志』倭人伝が記す女王トヨとして、九州連合国の盟主である邪馬台国の二代目女王に推されたのではないだろうか。出産の後、育児もせずに海神国に帰ったのは、二代目女王になるため、急遽呼び戻されたからなのかもしれない。

『魏志』倭人伝は、邪馬台国女王卑弥呼の死後、男王をたてたが、倭国に騒乱が起き、卑弥呼の宗家（遠戚）の娘トヨを男王の代わりに二代目女王としたら、騒乱が鎮まったと記す。V章23で述べたように、倭国の騒乱は、出雲王権の勢力拡大を恐れたタカミムスビによる、高天原（邪馬台国）の諸国への進出がきっかけになったと思われる。ニニギの天孫降臨も、山幸彦と海幸彦の戦いも、倭国騒乱の一つだったのかもしれない。

秦王国（豊国）は、元々邪馬台国に強い影響力を持つ九州連合の有力国であったが、山幸彦との連携により日向から南九州辺りまでの制圧に成功し、さらに強大な勢力を持つに至ったと思われる。その結果、秦王国の王女で、元々シャーマン的であったトヨタマビメが、倭国騒乱を鎮めるため、急遽邪馬台国の二代目女王に推されることになったのではないだろうか。

『魏志』倭人伝は、トヨが即位したとき十三歳であったと記す。トヨがトヨタマビメだとすると、トヨタマビメは十代前半で出産したことになる。おそらく古代では、十代前半での婚姻や出産はよくある事だったのではないだろうか。またトヨタマビメの妹のタマヨリビメが、後にトヨタマビメの御子と結婚し出産していることからも、タマヨリビメの年齢は御子に近く、おそらく十歳以下と推定される。トヨタマビメが十三歳で二代目女王となったトヨであるなら、その妹のタマヨリビメが、その時十歳以下であっても不思議ではない。

歴史学者安本美典《やすもとびてん》はトヨを、アマテラス（卑弥呼）の御子であるアメノオシホミミの妻の万幡《ヨロズハタ》豊秋津師比売命《トヨアキツシヒメノミコト》としている。しかし卑弥呼の死が七十三歳であることを考えると、そのときにはもうトヨアキツシヒメは十分成年に達していたはずで、十三歳で即位したトヨとは考えにくい。また御子の妻は、遠縁の娘とは言えないだろう。

小説家高木昭光や井沢元彦によれば、卑弥呼の墓は、秦王国（豊国）があった宇佐、亀山の地にあり、邪馬台国もその辺りにあったとしている。このこともトヨタマビメが、邪馬台国二代目女王トヨであることを裏付ける。また後にヤマト王権が、祖神を祀る伊勢神宮に、アマテラスと豊受《トヨウケノ》大神を祀ったのも、ヒミコとトヨをヤマト王権の祖神と想定していたからではないだろうか。

Ⅵ章　神武東征の謎を解く

ニニギから数えて日向四代目にあたるイワレビコは、東征して大和にヤマト王権を築くことに成功し、初代神武天皇となる。しかしそもそも何故、イワレビコは大和を目指そうとしたのだろう。また何故、瀬戸内海の移動に十六年もの長い歳月をかけたのだろう。神武東征には、その他にも様々な疑問が存在する。本章ではそれらの謎に迫る。

『古事記』概要⑩「神武東征⑴日向から熊野」

神倭伊波礼毘古命《カムヤマトイワレビコノミコト》（神武天皇）は、兄の五瀬命《イツセノミコト》と話し合い、東方の美しい土地が、天下を治めるに適している場所と考えた。そこで東方を目指し日向（宮崎県）を出発した。まず宇佐（大分県）で、宇佐都比古《ウサツヒコ》等のもてなしを受けた。その後、筑紫の岡田宮に一年間、安芸（広島県）の多祁理宮《たけりのみや》に七年間、吉備（岡山県）の高島宮に八年間、滞在した。

その後、難波の渡り（大阪湾）から胆駒《いこま》山を経て大和に入ろうとしたとき、大阪湾の楯津《たでつ》で、この地を支配する那賀須泥毘古《ナガスネビコ》と戦いになり、敗れてしまう。この戦いで兄のイッセも矢傷による深手を負う。イワレビコは日に向かって戦ったことが敗因だと考え、方針を変更し、船で紀伊半島沿いに移動して熊野（和歌山県）に上陸し、そこから大和に攻め上ることにした。

　しかし熊野に上陸したイワレビコ達は、大熊の毒気に遭《あ》い、意識を失ってしまう。そのとき現地の住人である高倉下《タカクラジ》が現れ、夢でタカミムスビから賜ったという太刀を献上した。その太刀によりイワレビコ達は正気を取り戻し、再び進軍を始めることができた。また、このときタカミムスビから、熊野から大和への道案内役として、八咫烏《ヤタガラス》が遣わされた。

30　イワレビコ（神武天皇）は、何故、東征しようと思ったのか？

イワレビコ（神武天皇）はトヨタマビメの孫で、ニニギから数えて日向四代目にあたる。日向二代目の山幸彦による日向と隼人の制圧を経て、日向や南九州地域の生活環境は、熊本地域の狗《く》奴《な》国との緊張は続いていたとしても、それなりに豊かで安定していたと思われる。では何故敢《あ》えて、イワレビコは東征しようと思ったのだろう。

『古事記』によれば、それは塩稚神《シオツチノカミ》が語った、東方の美しい土地の話に魅せられたからである。シオツチノカミとは、秦氏（太平洋ネットワーク）の海人であったと思われる。シオツチノカミは、太平洋（秦）ネットワークから得た情報に基づき、イワレビコに、当時日本最大で最先端の文化を誇っていた奈良の纒向文化圏の賑やかな様子を語ったものと思われる。

三世紀頃、奈良の纒向は、出雲ネットワークと太平洋（秦）ネットワークの交錯地点にあたり、高志（北陸）や近くの尾張から様々な文化が流入し、多くの小国家や豪族が割拠して交流しつつ、連合体を形成していたと思われる。そのため奈良の纒向は、北九州、出雲と並び、当時、最先端の文化圏として、繁栄を誇っていたに違いない。最近の纒向遺跡の発掘結果がそれを裏付けている。

伊勢辺りを拠点としていたサルタヒコ一族も、太平洋（秦）ネットワークの有力な一族であり、交易を目的に纒向にも頻繁に出入りしていたであろう。おそらくこのサルタヒコ一族からも、イワレビコは活気ある纒向文化圏の情報を得ていたのではないだろうか。

イワレビコは、ニューヨークや東京に憧れる今の若者達と同様に、纒向文化圏に憧れ、兄や子と共に東征を決意したのだろう。つまり纒向文化圏が、神武東征の目的地であったと推察される。

31　イワレビコは東征の初めに、何故、宇佐に立ち寄ったのか？

イワレビコが東征の初めに立ち寄ったのは、宇佐である。何故、宇佐に立ち寄ったのだろう。それは、宇佐が秦ネットワークの本拠地である豊国にあり、しかもⅤ章で述べたように、豊国はイワレビコの祖母で、邪馬台国二代目女王トヨであるトヨタマビメゆかりの国であったためではないだろうか。宇佐神宮はヤマト王権にとって、伊勢神宮ができるまでは最も高い位の神社であった。また伊勢神宮ができてからも、それに次ぐ位の神社であり、奈良、平安時代から特別な存在であった。

作家井沢元彦によれば、それは宇佐神宮が元はヤマト王権の祖の卑弥呼（アマテラス）の墓だったからだとする。確かに宇佐神宮の主祭神は比売大神《ヒメノオオカミ》であり、おそらく卑弥呼の事であろう。またアマテラスの娘とされる宗像三女神が、母の墓である宇佐に天下ったという伝説もある。卑弥呼（アマテラス）の正統な後継者であるイワレビコも、東征の出発に際して、祖神に参拝し、その決意を誓ったのではないだろうか。

なお宇佐神宮の参拝方法も、オオクニヌシを祀る出雲大社と同じく、二礼四拍手一拝である。これは宇佐神宮と出雲大社の設立時期が近いことを示していると思われる。それはオオクニヌシと卑弥呼が同時代を生きたとする著者の仮説を裏付ける。宇佐一族は、卑弥呼の墓守を使命とする秦氏の支族だったのかもしれない。また宇佐神宮は全国に四万社ある八幡《やはた》神社の総本宮でもある。八幡とは、多数の秦族という意味であるとの説もあり、秦氏との関係の深さを物語る。

32 神武東征で、何故瀬戸内海通過に、十六年もの歳月を掛けたのか?

神武東征が瀬戸内海ルートを経由して遂行されたのは、東征に至った経緯からも推察されるように、太平洋（秦）ネットワークの支援が得やすかったからであろう。しかし、それにしても纒向に着くまで、瀬戸内海ルートの通過に、何故十六年（『日本書紀』では六年）もの長い歳月が掛けられたのだろう。

そもそも神武の東征部隊の規模は、どの位だったのか。当時の兵站能力を考えれば、おそらく、せいぜい一〇〜二〇人位の少人数だったのではないだろうか。何故なら当時の簡単な小舟による輸送力では、兵站は現地での物々交換や、狩りや生産、あるいは強奪等の現地調達に頼るしかなかったからである。

そのため瀬戸内海ルートにおける神武東征も、新しい地域に進出して拠点を作り、近くの豪族

図6-1　神武東征ルート1（日向から熊野）

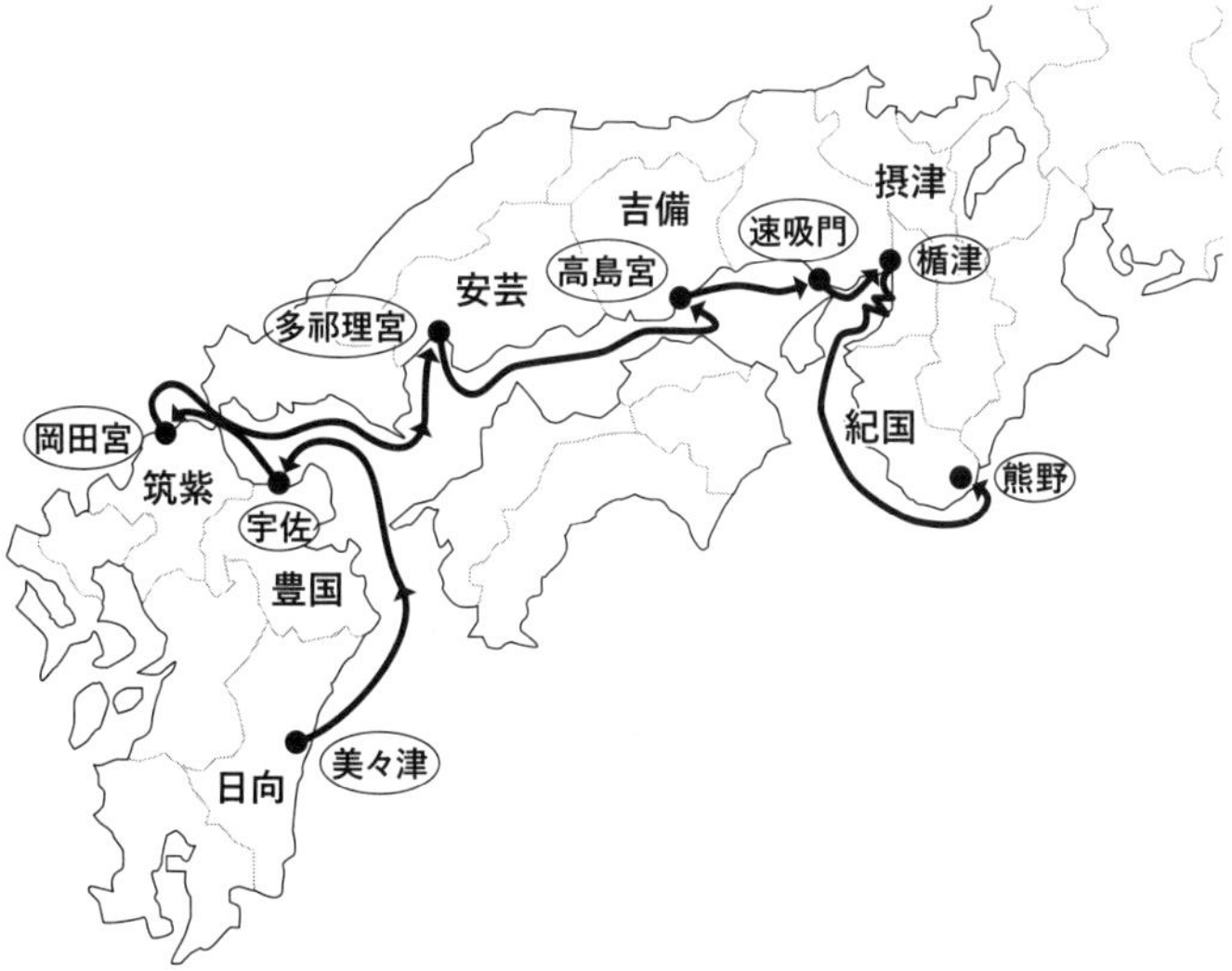

の娘を娶り、その豪族と協力して付近を開拓し、勢力を蓄えつつ次の展開を図るという、当時の一般的な新地域への進出手法で進められたのではないだろうか。そのために福岡に一年、広島に七年、岡山に八年と、太平洋（秦）ネットワークの親近国に滞在して、新しい補給拠点を作りながら東征せざるを得なかったのだろう。その結果、長い歳月が掛かってしまったのではないだろうか。

33　イワレビコは、何故、ナガスネビコと戦闘になったのか？

イワレビコは、何故、大阪の豪族ナガスネビコと戦闘になったのだろう？

それは当時の大阪や大和には、邪馬台国とは疎遠な出雲同盟国の豪族が多く、ナガスネビコもその一人だったからと思われる。一〇～二〇人のイワレビコ達が纒向に向かうには、どうしても大阪湾近くに兵站拠点が必要だった。そのため、イワレビコ達はまずその探索を行ったと思われる。しかし秦ネットワークの親近国でなら兵站拠点は友好的に作れても、出雲同盟国では強引な行動にならざるを得なかったのではないだろうか。そして戦闘が始まったと推察される。

太平洋（秦）ネットワークも出雲ネットワークも、双方のネットワークにとってメリットがある交易であれば、友好的に振舞《ふるま》えたであろう。しかしイワレビコ達のように、新しい拠点の設立を目的とする一団に対しては、先住民達の警戒心が強く、あたかも米国の西部開拓史における先住民（ネイティブ・アメリカン）と開拓者の関係のように、すぐに緊迫した敵対関係になったのではないだろうか。特に交易の拠点となる港付近は、先住民達にとっても重要な地点であったため、おそらく些細な軋轢《あつれき》がきっかけで戦闘に発展してしまったのだと思われる。

34 イワレビコは、何故、紀伊・熊野ルートに方針変更したのか？

大阪湾でのナガスネビコとの戦闘に敗れたイワレビコが、直ちに紀伊・熊野ルートを採《と》るという方針変更ができたのは何故だろう。

文化流通の中心地である纏向へのルートは、当時、いくつもあったと思われる。イワレビコ達が、まず大阪湾からのルートを採ったのは、それが纏向への最短ルートだったからだろう。しかしナガスネビコの反発に合い、兵站拠点を作ることができず、結局失敗してしまった。

当時、紀伊・熊野ルートも、太平洋（秦）ネットワークでは、纏向へ向かうよく知られたルートだったと思われる。特に紀伊半島沿岸は、サルタヒコ一族の拠点が伊勢だったこともあり、太平洋（秦）ネットワークの親近国が多く、兵站拠点の構築も容易だったに違いない。そのためイワレビコ達は、回り道にはなるが、兵站に加え、兵の補強も容易なこのルートを採り、熊野から纏向へ進出することにしたのだと思われる。

35　何故突然、タカクラジが現れたのか？

イワレビコ達にとってナガスネビコとの戦闘は、日向を出立して以来、初めて経験する激しい戦闘であり、しかも惨めな敗戦であった。また熊野へ迂回する航海の途中、敗戦の傷がもとでイワレビコの兄のイツセが死んでしまい、チームは意気消沈していたと思われる。おそらく熊野に着いた頃には、食料も底をつき、チームは疲れ果てていたのではないだろうか。そのためイワレビコは、何とかしてチームの士気を高める必要があった。そのとき突然、タカクラジが現れ、イワレビコ達の窮地を救ったのである。何故突然、都合よくタカクラジが現れたのだろう。

タカクラジは、おそらく秦ネットワークの有力豪族であるサルタヒコ一族の熊野辺りの関係者だったと推察される。タカクラジが夢でタカミムスビから太刀を賜ったという話は、イワレビコとサルタヒコ一族の、チームの士気を高めるための創作だったのではないだろうか。ナガスネビコに敗れた後、イワレビコが熊野に進路変更する際に、「日に向かって戦ったのが間違いだった」と語ったのと同様に、チームの士気を鼓舞するためだったと思われる。

またタカクラジの行動は、タカミムスビからの支援というより、太平洋（秦）ネットワークによる支援だったに違いない。太平洋（秦）ネットワークは、邪馬台国の嫡流であるイワレビコを支援するために、その強力な影響力を駆使して、イワレビコの苦境を救ったのだろう。それはまた、当時出雲同盟国で占められていた纒向文化圏に、太平洋（秦）ネットワークの友好国を造って楔《くさび》を打ち、その影響力を高めようとした、太平洋（秦）ネットワークの大きな事業戦略の一環でもあったと思われる。

36　八咫烏《ヤタガラス》とは、何者か？

八咫烏とは、本当に鳥のカラスのことだったのだろうか。そんな便利な鳥がいるとは思えない。違うと思う。では、八咫烏とは、何者だったのだろう。

イワレビコを助けるために、熊野から大和への道案内にタカミムスビから派遣された八咫烏は、熊野辺りのサルタヒコ一族配下の豪族であったと思われる。道案内を務めた位だから、日頃から大和や纒向との間を頻繁に行き来しており、多くの情報を有していたのだろう。『新撰姓氏録』には加茂建角身命《カモタケツヌミノミコト》の化身で、賀茂氏の祖、とある。

Ⅴ章で述べたようにサルタヒコは、鼻が高く日本人離れした風貌であり、天狗の祖とされている。とすればサルタヒコ一族配下の八咫烏は、天狗の配下であるカラス天狗の祖であるに違いない。また天狗とカラス天狗が住むとされる京都の鞍馬寺に、ユダヤのシンボルである六芒星の印が残されていることが知られているが、それは天狗の祖とされるサルタヒコ一族が、ユダヤの血を引く秦氏の一族であるという証なのかもしれない。

前述のように、サルタヒコはニニギの天孫降臨に随行し、その後アメノウズメと結婚したとされる。Ⅴ章で述べたように、アメノウズメが邪馬台国二代目女王トヨの側近で、かつそのトヨがイワレビコの祖母トヨタマビメだとすれば、サルタヒコ一族がイワレビコの危機を強力に支援するのは、当然であったろう。

『古事記』概要⓫「神武東征⑵熊野から大和」

八咫烏《ヤタガラス》に従って大和への道を進むにつれ、イワレビコに忠誠を誓う在地の神々が現れた。しかし兄宇迦斯《エウカシ》、弟宇迦斯《オトウカシ》兄弟が支配する宇陀《うだ》（奈良の東南）では、兄のエウカシに罠に嵌《は》められ、騙し討ちにされそうになる。しかし弟のオトウカシの知らせで何とかその窮地を脱することができ、逆にエウカシをその罠にはめて成敗した。また奈良の忍坂《おさか》（桜井市）では、土蜘蛛《つちぐも》と呼ばれる土豪達に襲われるが、接待で親しさを装い、騙し討ちにして成敗することができた。

大和平定が目前の時、同じアマテラスの天孫で、既に大和に降臨し、ナガスネビコの妹と結婚していた邇芸速日命《ニギハヤヒノミコト》が、イワレビコのもとにやって来て忠誠を誓った。その後ニギハヤヒは、ヤマト王権の重臣となる物部氏の祖先となった。

そして遂にイワレビコは、橿原宮《かしはらのみや》を造営して即位し、初代神武天皇（始馭天下之天皇《ハツクニシラススメラミコト》）となった。神武天皇は既に日向で、阿比良比売《アヒラヒメ》を娶《めと》っていたが、大和を治めるため、三輪山の祭神であるオオモノヌシノカミと三嶋湟咋《ミシマノミゾクイ》（大阪府三島郡）の娘との間に生まれた、比売《ヒメ》多多良伊須気余理比売《タタライスケヨリヒメ》を娶り、正妃とした。

37　イワレビコの戦いは、何故、騙し討ちが多いのか？

イワレビコの東征では、様々な在地の豪族との戦いに勝利するのだが、その戦いのほとんどが騙し討ちによる勝利である。何故だろう。

東征の目的は、Ⅵ章30で述べたように、大和制圧ではなく、纏向に象徴される、当時の最先端文化地域である大和への進出であったと思われる。そのため戦闘による制圧ではなく、まず目指す地域に拠点を創り、近隣の豪族の娘と結婚して姻戚関係となり、その助けを借りながら勢力を拡大していくという、当時の一般的なやり方で新地域への進出を図ったと思われる。

またやむを得ず戦う場合でも、兵站を考えれば大部隊での戦闘は無理であり、武力に頼らずに済む騙し討ちが多くなったのであろう。もっとも『古事記』は、武力での戦闘はナガスネビコとの戦いだけしか記さないが、『日本書紀』には、イワレビコ＝神武天皇の武力による大和平定の様子が詳しく書かれている。しかしおそらくそれは、神武天皇の偉大さを強調するため、神武以

図6-2　神武東征ルート2（熊野から大和）

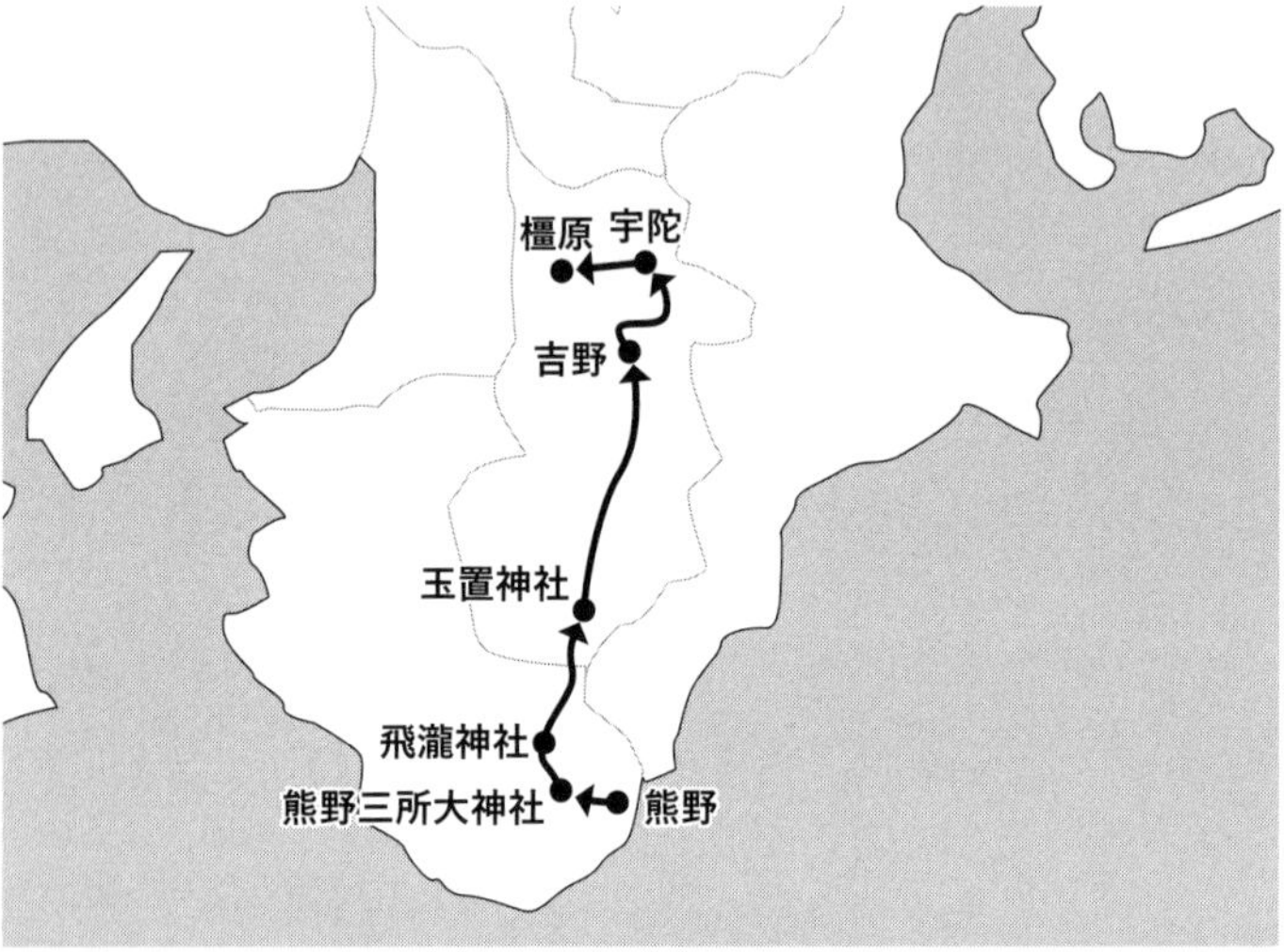

降の天皇達の事績を神武天皇の事績として記したためではないだろうか。

神武天皇が初めて大和に橿原宮を造営した頃のヤマト王権は、とりあえず拠点は創ったけれど、未だ大和では新参者に過ぎなかったに違いない。オオモノヌシの娘を正妃としたのも、近隣の大和の出雲同盟国の豪族達との信頼関係を築くためだったのだろう。

その正妃が纒向のある大和から離れた大阪三島郡の娘だったことからも、その頃神武天皇は、大和ではまだ注目される存在ではなかったと思われる。

38　天孫ニギハヤヒが、既に大和に降臨していたのは何故か？

天孫ニギハヤヒは、ニニギと同じくアメノオシホミミの御子である。神武天皇が大和に進出した時、既に高天原（邪馬台国）から大和に降臨しており、ナガスネビコの妹と結婚してその支配下にあった。何故天孫ニギハヤヒが、神武天皇（イワレビコ）よりも先に大和に降臨していたのだろう。

タカミムスビの時代に邪馬台国から他国への進出が活発化し、それが様々な倭国騒乱を引き起こしたことは前に述べた。おそらくニギハヤヒの降臨も、タカミムスビのその拡大戦略の一つだったのだろう。タカミムスビの時代には、ニギハヤヒに限らず邪馬台国から太平洋（秦）ネットワークを使って、先進文化と先進技術を持って、新天地を開拓しようとする人達の移動が多かったと思われる。ただ出雲や大和等、出雲同盟国への進出は、出雲の影響力が強く、ニギハヤヒ達のように、結局は出雲同盟国に取り込まれ、その支配下に置かれてしまう場合がほとんどだったのに違いない。

神武天皇の大和への進出を知ったニギハヤヒは、おそらく卑弥呼を同じ祖先として祭祀するという親近感から、ナガスネビコとの縁を切り、神武天皇に臣従することを決断したのだろう。

39　神武東征の後、邪馬台国や日向はどうなったのだろう？

神武東征の後、邪馬台国や豊国や日向はどうなったのだろう。

おそらく、出雲や狗奴国等との緊張関係は続いたけれど、北九州の有力豪族として、太平洋（秦）ネットワークの象徴的な存在である邪馬台国の女王卑弥呼（比売大神）を祭る宇佐神宮を支え続け、存続し続けたと思われる。しかし、次第に太平洋（秦）ネットワークの他の有力国である吉備や尾張が勢いを増すにつれ、太平洋（秦）ネットワークの繁栄は、徐々に東に展開していったのではないだろうか。

特に文化の中心地であった大和には、先進技術（渡来人）や、様々な人々の情報が集まりやすかったため、大和におけるヤマト王権の権力が高まるにつれ、次第に太平洋（秦）ネットワークの中心は、邪馬台国や豊国からヤマト王権に移っていったと思われる。おそらく、二代目女王トヨの没後には、北九州連合国の盟主であった邪馬台国は消滅し、大陸からの最新文化のゲートウェイであった北九州は統率力を失い、諸国乱立の時代になっていったのではないだろうか。邪馬台国を支え太平洋（秦）ネットワークの中心的存在であった豊国も、宇佐神宮の存在により精神的な支柱ではあり続けたが、次第にその勢いを失っていったと思われる。

Ⅶ章　崇神天皇の謎を解く

第十代崇神天皇は、ヤマト王権として、初めて大和の制圧に成功し全国に覇を唱えた天皇である。しかし崇神天皇は何故、ヤマト王権の権力を急拡大できたのだろう。また当初は大和で権勢を誇っていた出雲同盟国との闘いを、どうやって制圧していったのだろう。本章ではそれらの謎に迫る。

『古事記』概要⓬「欠史八代」と「崇神天皇の登場」

初代神武天皇の崩御後、その御子の内、長兄の多芸志美美命《タギシミミノミコト》が権力を握ろうとした。しかし、次兄の神八井耳命《カムヤイミミノミコト》と末弟の神沼河耳命《カムヌナカワミミノミコト》は、長兄を排除しようと立ち上がった。そして末弟が気弱な次兄に代わって長兄の命を絶ち、第二代綏靖《すいぜい》天皇として即位した。

その後、安寧《あんねい》天皇、懿徳《いとく》天皇、考昭《こうしょう》天皇、孝安《こうあん》天皇、孝霊《こうれい》天皇、孝元《こうげん》天皇、開化《かいか》天皇と、王位が継承された（この間の八代の天皇については、『古事記』でも『日本書紀』でも簡単な記述しかなく、そのためこれらの天皇達は「欠史八代」と呼ばれる)。

第九代開化天皇が崩御された後、第十代崇神《すじん》天皇が即位した。崇神天皇の即位後まもなく、疫病が大流行し多くの人々が死んだ。疫病を鎮めるため崇神天皇は、それまで宮中に祀られていた祖神(比売大神)を宮外の社に移して祀った(『日本書紀』)。さらに夢に現れたオオモノヌシノカミ(オオクニヌシノミコト)のお告げに従い、オオモノヌシを三輪山に祀った。そしてようやく疫病は収まった。

40 『古事記』で「欠史八代」の天皇達の記述が少ないのは、何故か?

第十代崇神天皇も初代神武天皇と同じく、所知初国《ハックニシラシシ》御真木《ミマキノ》天皇《スメラミコト》、つまり初めて天下を治めた天皇との称号が与えられている。その理由は、神武天皇は初めて大和に拠点を創りヤマト王権を開いた王であり、崇神天皇は初めて大和を制圧し、ヤマト王権として全国制覇に向け覇を唱えた王であったからと考えられている。

それにしても、何故『古事記』でも『日本書紀』でも、綏靖天皇から開化天皇までの記述が少ないのだろう。

図7-1　欠史八代

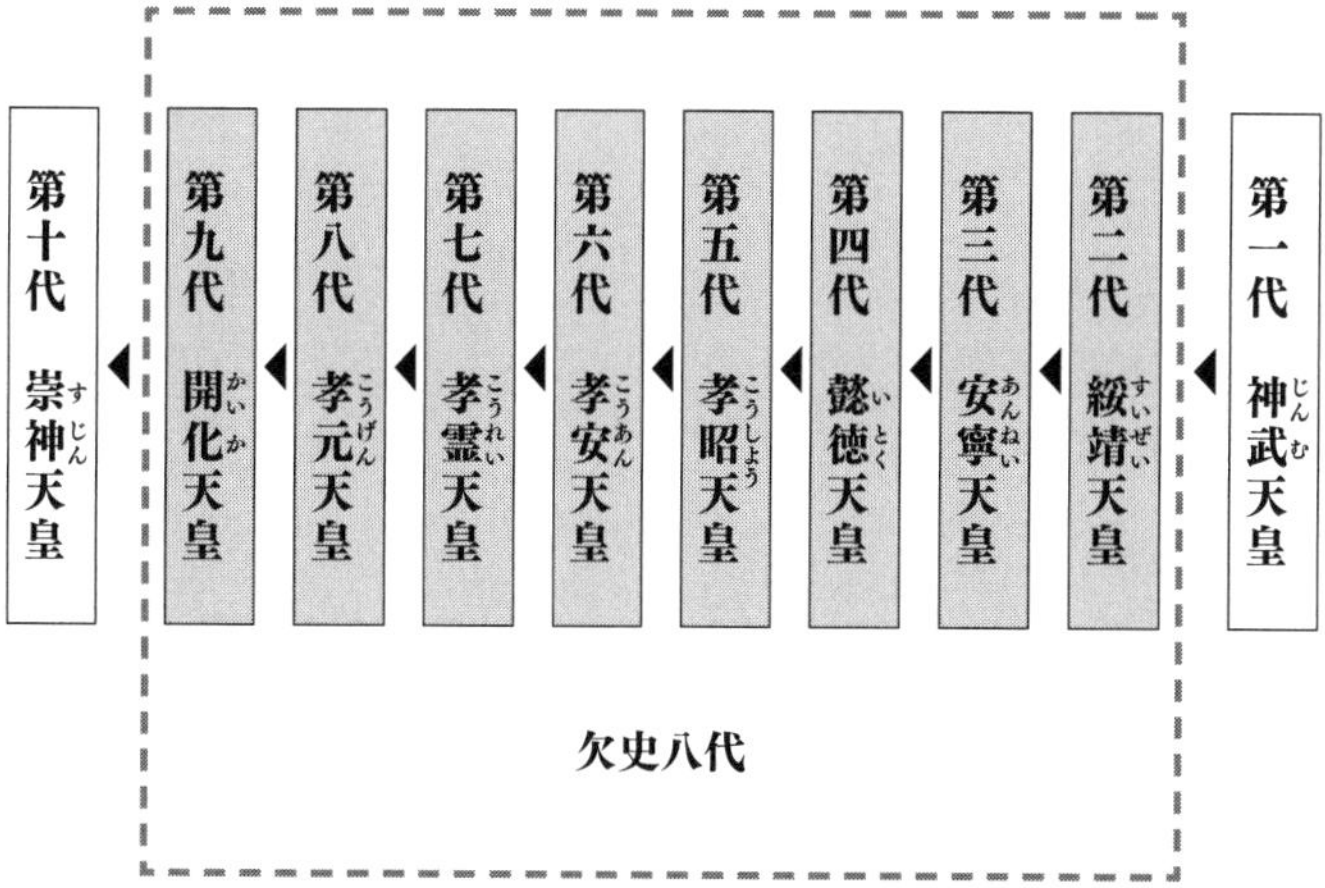

『古事記』で「欠史八代」の天皇達の記述が少ないのは、神武天皇が大和に拠点を創ってから、第十代崇神天皇がヤマト王権として大和（纒向）を制圧するまで、経済的、政治的な基盤を確立していくための苦闘の時代があったことを物語っていると思われる。その苦闘の時代が「欠史八代」だったのだろう。おそらくその間近隣の出雲同盟国の豪族達との揉《も》め事や、血縁関係の構築による懐柔策や、農地開拓や経済交流による経済振興活動等、権勢拡大のための様々な地道な努力が続いたのに違いない。この「欠史八代」の天皇達の記述が少ないのは、地道な努力にもかかわらず、誇れるような目覚ましい出来事がなかったからであろう。またこれらの天皇達の事績は、前述のように神武天皇の偉大さを強調するために、神武天皇の事績として記述されたのかもしれない。

おそらく「欠史八代」の頃のヤマト王権は、まだ権力基盤も弱く、大和では弱小豪族に過ぎなかったのであろう。しかし邪馬台国や太平洋（秦）ネットワークとの強い繋がりがあり、武器や農工技術、神事、医療等の先進文化や先端技術のレベルは高かったと思われる。自らをヤマト王権と名乗ったのは、優れた先進文化を有する邪馬台国が東遷した国であることを誇示《こじ》するためだったのではないだろうか。

当時の大和（纒向）は我国の文化の中心地であり、出雲や高志、尾張、常陸、吉備等、全国の情報が集まる所だった。しかも大和のほとんどの有力豪族は、出雲同盟諸国で占められていたと思われる。「欠史八代」の頃のヤマト王権は、そのような大和に創られた邪馬台国の新しい拠点として、静かに経済的、政治的基盤を蓄えていた時期だったに違いない。大和という地名も、おそらくヤマト王権が全国を制覇した後に、一般的になったのではないだろうか。

41　何故、第十代崇神天皇の時に、ヤマト王権の権勢が高まったのか？

第十代崇神天皇の時に、ヤマト王権の権勢が高まったのは、何故だろう。
それは崇神天皇の即位後、間もなく始まった、疫病の大流行がきっかけだったのではないだろうか。

『日本書紀』は、崇神五年に疫病が流行し、多くの人民が死んだと記す。当時は疫病を鎮めるには、神の力に頼るしかなかった。崇神六年に、崇神天皇がそれまで宮中に祀られていた祖神（比売大神）を宮外に移して祀ったのも、疫病を鎮めるために、祖神の加護を願ったからに他ならない。この社は後に伊勢神宮に発展する。

疫病による被害は、当然、他の大和の出雲同盟国でも大きかったに違いない。そのためほとんどの国で、多くの人々が死に、急激に国力の弱体化が進んだのではないだろうか。古代では、一般に居住地域が古くなる程、衛生面での悪化が進み、疫病は流行し易かったと思われる。おそらく大和に古くから住む、有力な出雲同盟国ほど、疫病による国力の弱体化が激しかったに違いない。

一方、新興国であるヤマト王権では、疫病による被害は比較的少なかったのではないだろうか。疫病の原因がオオモノヌシ（オオクニヌシ）の祟りとされたのも、オオモノヌシを守護神として祀る出雲同盟諸国での疫病被害が、より甚大であったことを暗示している。

崇神天皇はこの機会を利用して、ある時は平和的に、ある時は騙し討ちや陰謀、あるいは圧倒的な武力により、弱体化した近隣の出雲同盟国を、順次制圧していったに違いない。そして大和（纒向）を支配するに至ったと思われる。三輪山にオオモノヌシを祀ったのは、勿論、疫病鎮静のためであったろうが、自らもオオモノヌシを敬っていると公言し、近隣の出雲同盟国を懐柔するためだったのではないだろうか。

42　大和の各地に、何故オオモノヌシが、祀られているのか？

大和の各地にオオモノヌシが祀られているのは何故だろう。

オオモノヌシはオオクニヌシの別名とされる神である。おそらく大和には出雲ネットワークの進出が早かったため、ほとんどの国で出雲同盟国の守護神のオオモノヌシ（オオクニヌシ）が、祭祀されるようになったのだろう。当時は守護神の威光が、支配や権力にも利用されていたからである。

そのオオモノヌシの権威を、第十代崇神天皇は大和制圧のため、自らが祭祀していた邪馬台国の祖神、卑弥呼（比売大神）とは別に、最大限に活用しようとしたに違いない。出雲同盟国を懐柔するために、崇神天皇は、卑弥呼（比売大神）を出雲神話のアマテラスになぞらえた「アマテラス神話」や「出雲の国譲り神話」を創作し、ヤマト王権はアマテラスを祖神とするが、オオモノヌシも三輪山に祀っており、かつ既にオオモノヌシはアマテラスに国譲りしているのだから、ヤマト王権に帰順しても、オオクニヌシの祟りはない、と説いたのだろう。

『古事記』概要⑬「将軍達による諸国の平定」

第十代崇神天皇はヤマト王権の権威を全国に広めるため、諸国に将軍達を派遣し武力平定を進めた。高志には、崇神天皇の伯父の大毗古命《オオビコノミコト》を、太平洋側の東方十二道には、オオビコノミコトの子の建沼河別命《タケヌナカワワケノミコト》を派遣した。二人はそれぞれ諸豪族を平定して進み、相津《あいづ》（福島県）で出会った。そのためその地を相津（会津）という。

また、丹波地方には崇神天皇の兄弟である彦坐王《ヒコイマスノミコト》が派遣され、諸豪族を平定した。

（『日本書紀』では、これ等の将軍に加え、瀬戸内〈西国〉地方に派遣され、平定した吉備津《キビツ》彦《ヒコノ》命《ミコト》を合わせ、四道将軍と呼ぶ）

43　崇神天皇による将軍達の派遣は、武力制覇が目的だったのか？

第十代崇神天皇による将軍達の派遣は、『古事記』が記すように武力制圧による諸国平定が目

図7-2　四道将軍の遠征ルート

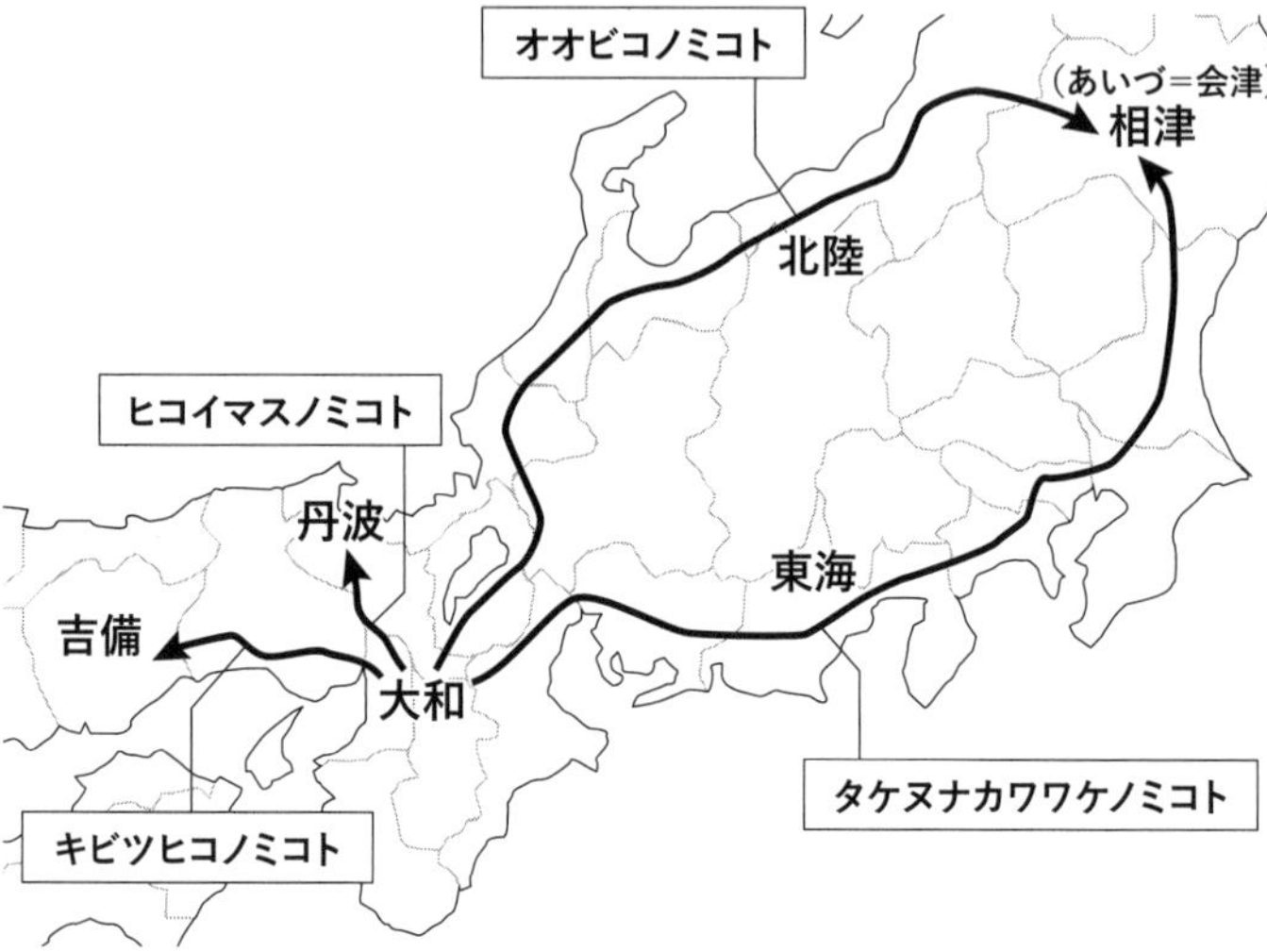

的だったのだろうか。

当時の未発達な交通手段では、大軍による戦闘は兵站の点から無理で、とても武力制圧が目的だったとは思えない。また制圧できたとしてもその国から租税を徴収することは、難しかったのではないだろうか。

とすれば将軍派遣の目的は、武力制圧ではなく、むしろヤマト王権が出雲王権に代わり大和を平定したと告げる挨拶回りと、諸国との新たな友好関係を構築し、太平洋（秦）ネットワークによる新たな交易拠点を造ることだったのではないだろうか。ヤマト王権は、太平洋（秦）ネットワークの交易による利益拡大を目的に、諸国に権勢の拡大を図ったのだと思われる。

国造は、「大化の改新」以前の地方を治める古代の行政機構の官職である。『先代旧事本紀』の「国造本紀」によれば、崇神天皇の治世に、秩父、越後、信濃、出雲、石見、吉備、阿蘇、肥後等の豪族が、新たに国造に任命されている。秩父や越後や吉備は、おそらく崇神天皇の命により北陸や東北に派遣された将軍達の成果だったのだろう。また従来、太平洋（秦）ネットワークを支えていた、伊勢、河内、山城、葛城、大和、宇佐等の国々には、初代神武天皇の治世に既に国造が任命されている。このことから、確かに崇神天皇の治世に、ヤマト王権の権勢が急激に全国に広がったことが確認できる。

またオオクニヌシの国譲りの舞台となった出雲と信濃が、崇神天皇により新たに国造として任命されている。それは「国譲り神話」の創作が崇神天皇によるものであることを裏付けているのではないだろうか。おそらく崇神天皇は、卑弥呼をアマテラスとする「アマテラス神話」とオオクニヌシの「国譲り神話」を理論的な武器として、ヤマト王権による全国平定を進めたのだろう。

図7-3　崇神天皇により新たに任命された国造と、それ以前の国造

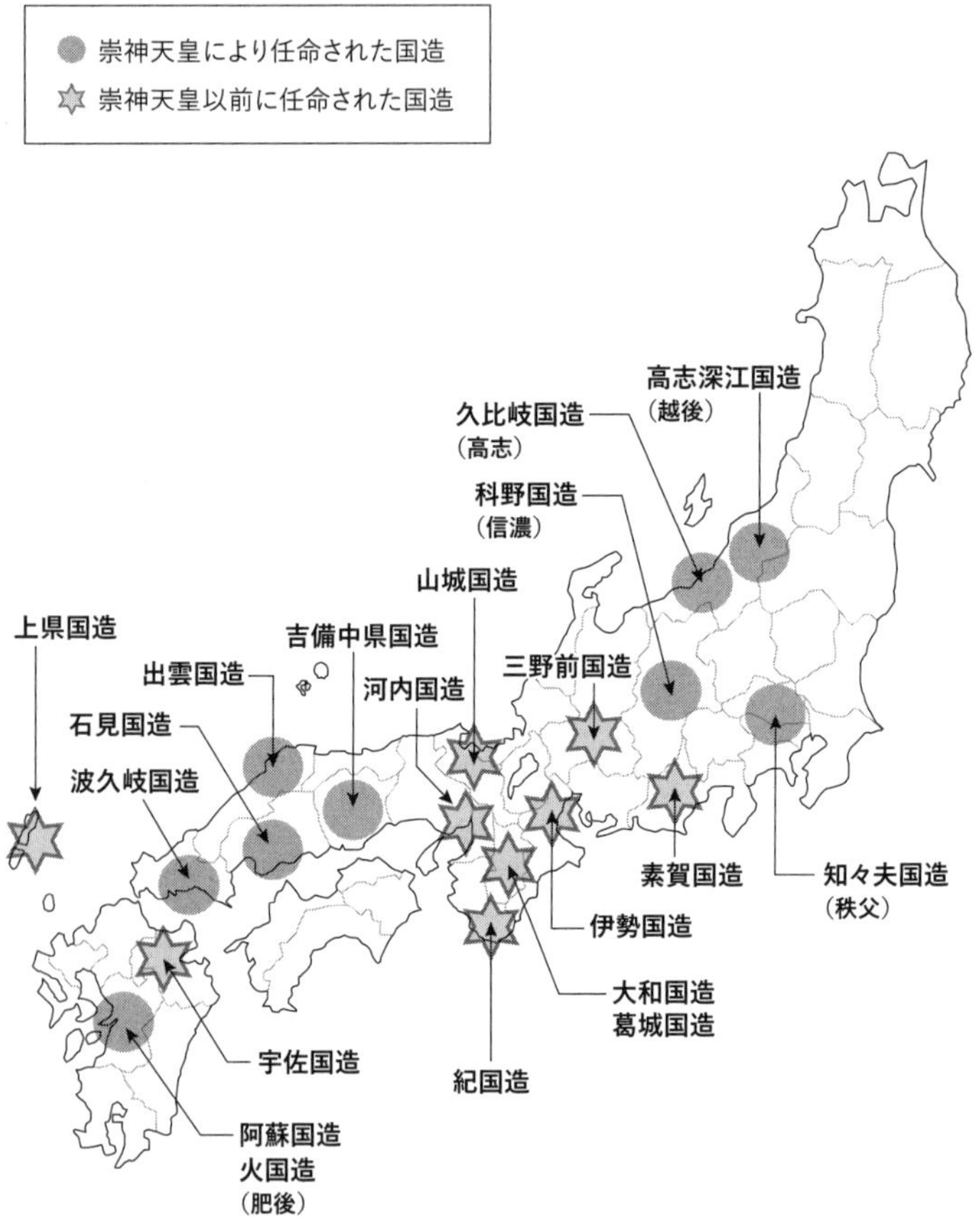

Ⅷ章　伊勢神宮の謎を解く

ヤマト王権を護り祖神を祀る伊勢神宮は、第十一代垂仁《すいにん》天皇の命により造営された。また、オオクニヌシの祟りを恐れて造営されたとされる出雲大社も、同じ垂仁天皇によりなされている。伊勢神宮は、何故、伊勢に造営されたのだろう。また伊勢神宮の造営は、出雲大社の造営と何か関りがあるのではないだろうか。本章では、伊勢神宮に纏《まつ》わる謎に迫る。

『古事記』概要⑭「第十一代垂仁天皇の悲劇とオオクニヌシの祟り」

第十一代垂仁天皇の皇后である沙本毘売命《サホビメノミコト》は、懐妊中であったが、兄への愛情から天皇に謀反した兄に加担し、共に城に籠った。皇后を愛する天皇は、必死に降服するよう説得を続けたが、皇后の意志は変わらなかった。そして御子が生まれた時、皇后は天皇に生まれた御子の養育を委《ゆだ》ねると共に、自分の代わりに姉妹達を妃に迎えるよう告げて、炎の中で死ぬ。

その御子が本牟智和気命《ホムチワケノミコト》である。

ホムチワケは、垂仁天皇の愛情の下に育てられるが、成人しても話すことができなかった。ある夜、垂仁天皇の夢に、出雲のオオクニヌシが現れ、自らの神殿を天皇の宮のように荘厳に造営すれば、話せるようになると告げた。早速、垂仁天皇はホムチワケに供をつけ、出雲に参拝に向かわせた。一行が出雲への参拝を終え、大和に帰ろうとした時、突然ホムチワケが話せるようになった。垂仁天皇はオオクニヌシに感謝し、荘厳な社殿の出雲大社を造営した。

また垂仁二十五年、垂仁天皇にアマテラスの祭祀を託された皇女の倭姫命《ヤマトヒメノミコト》は、伊勢に伊勢神宮を設立した。

44 垂仁天皇がオオクニヌシの祟りを恐れたのは、何故か？

出雲大社は、ヤマト王権のオオクニヌシの祟りを恐れて、造営された社であるとの説が知られている。何故だろう。

ヤマト王権として初めてオオクニヌシの祟りを恐れ、出雲大社の社殿を造営したのは、崇神天皇の後を継いだ第十一代垂仁天皇である。おそらく垂仁天皇の頃には、まだ「アマテラス神話」や「出雲の国譲り神話」が、ヤマト王権の創作に過ぎないことを、多くの人々が知っていたに違いない。そのため垂仁天皇は、ヤマト王権が、創作した神話を武器に強引に諸国の平定を進めたことの後ろめたさを感じており、オオクニヌシの祟りを恐れたのだろう。

45　何故、垂仁天皇は、伊勢神宮を造営したのか？

崇神天皇は、疫病の禍《わざわい》から逃れるため、それまで皇宮内で祀られていたヤマト王権の祖神、比売大神（卑弥呼）を宮外で祀るようにした。このとき三種の神器のうち鏡と剣も、同時に宮外の社に祀られ、皇宮内には形代《かたしろ》という複製品が祀られるようになった。おそらく三種の神器、八咫《やたの》鏡《かがみ》、八坂瓊勾玉《やさかにのまがだま》、草薙剣《くさなぎのつるぎ》が天皇の証になったのも、この崇神天皇の御代からであろう。

『日本書紀』によれば、ヤマト王権の祖神を祀るこの社は、第十一代垂仁天皇の命により、斎《いつきの》宮《みや》とされた皇女ヤマトヒメによって、様々な場所に移設された後、最後に伊勢神宮として現在の五十鈴《いすず》川の畔に造営された。八咫鏡、草薙剣もこのとき伊勢神宮に移されている。何故、垂仁天皇は伊勢神宮を新しく造営したのだろう。

それはおそらくオオクニヌシの祟りを恐れて造営した出雲大社に対応して、ヤマト王権を護る神社が必要だと思ったからであろう。ヤマト王権にとって恐れ祀られる社である出雲大社に対し、伊勢神宮は、祖神にヤマト王権の守護を祈り、諸国にヤマト王権の権威を誇示する社であった。

伊勢神宮の内宮の主祭神はヤマト王権の祖神である天照大御神（アマテラス）である。同じくヤマト王権の祖神を祀っている宇佐神宮の主祭神比売大神＝卑弥呼とは異なる。このことから、伊勢神宮造営の時には、ヤマト王権の祖神、卑弥呼がアマテラスであるという神話やオオクニヌシの国譲り神話が、既に普及していたことが分かる。また作家井沢元彦や歴史学者安本美典が述べるように、伊勢神宮外宮の主祭神が邪馬台国二代目女王トヨと類似の発音である豊受大御神《トヨウケオオミカミ》であることも、ヤマト王権が邪馬台国女王である卑弥呼を祖神アマテラスとしたとする説を裏付ける。

その後、伊勢神宮は、第四十代天武天皇（在位六七三〜六八六）により、斎宮が制度化され、天皇家第一の神社としてより豪華に整備されて今日に至る。

46　何故、伊勢神宮は、伊勢に造営されたのか？

何故、ヤマトヒメは伊勢の地に、ヤマト王権の祖神を祀る神社を造営したのだろう？

それは大和から見て太陽が沈む方向の出雲に対して、太陽が昇る方向の伊勢が、出雲大社に対《たい》峙《じ》するに相応《ふさわ》しいと考えられたからではないだろうか。また、出雲神話で出雲にあるとされた根《ね》（黄泉）の国への入り口が、崇神天皇が創作した卑弥呼（比売大神）をアマテラスとする神話で、太陽が沈む出雲だけではなく太陽が昇る紀伊にもあるとされたのも、そのためと思われる。黄泉国への出入り口である、太陽が沈む所（出雲）と昇る所（紀伊）が、それぞれオオクニヌシ（出雲大社）とアマテラス（伊勢神宮）を祀る地として、理想的であるとされたのだろう。

また熊野・伊勢地域は、太平洋（秦）ネットワークの有力者であったサルタヒコ一族の支配地でもあった。ニニギの降臨を支援し、神武東征を助け、ヤマト王権の設立に大きく貢献したサルタヒコ一族の地が、ヤマト王権の祖神を祀る地として相応しいとも考えられたのではないだろうか。

ヤマト王権にはそれまでにも、祖神を祀る神社として既に宇佐神宮があったが、第十一代垂仁天皇の頃のヤマト王権にとって、宇佐は大和から遠く、もはや身近な存在ではなかったのだろう。

47 伊勢神宮の祭祀や規律に、ユダヤ教との類似点が多いのは何故か？

ユダヤ教の規律や祭祀方式に伊勢神宮との類似点が多いことや、伊勢神宮にユダヤのシンボルである六芒星のある籠目灯籠《かごめとうろう》があることは、「日ユ同祖論」の根拠として良く知られている。何故、伊勢神宮にユダヤ教との類似点が多いのだろう。

それは伊勢神宮が、前述のようにサルタヒコとの縁が深いことに起因すると思われる。天狗の祖とされるサルタヒコには、その風貌からもユダヤの血が濃く残っていたようで、サルタヒコ一族はおそらくユダヤ系であったに違いない。伊勢神宮とサルタヒコ一族との関係の深さを物語っている。

ユダヤ民族は、世界有数の交易に長けた民として知られている。おそらく太平洋（秦）ネットワークには、サルタヒコ一族以外にも、ユダヤの血を引く種族が交易の民として活躍していたのではないだろうか。ユダヤの血を引く種族は、瀬戸内海・太平洋沿岸に限らず、日本海沿岸にも交易の範囲を広げ、様々な日本の産業・文化の拠点に、広くユダヤの痕跡を残してきたに違いない。

伊勢神宮に限らず日本全国の神社に、ユダヤ教との類似点が多いのはそのためだろう。例えば、神社の入口で行われる禊《みそぎ》の習慣や、鳥居など神社の構造が似ていること、また神社に設置されている狛犬《こまいぬ》が、犬というよりはユダヤ教の古代ソロモン神殿の前にあったライオン像と似ていることなど、その類似点は驚く程多い。それは太平洋（秦）ネットワークにおけるユダヤ系種族の、日本各地での活躍の跡を物語っているのではないだろうか。

Ⅸ章　ヤマトタケルと草薙剣の謎を解く

倭建《ヤマトタケル》は悲劇の英雄である。熊曾・出雲征伐や東国征伐における波瀾万丈の物語や、伊吹山での悲劇的な最期は、多くの人の心を打つ。そのヤマトタケルの守り刀が草薙剣である。しかし冷静にその生涯を振り返ると、不思議な思いに囚われる。何故ヤマトタケルは、無謀にもその大事な守り刀を妻の美夜受比売《ミヤズヒメ》のもとに預け、伊吹山の神との戦いに向かったのだろう。何か大きな陰謀のにおいがする。本章では、そのヤマトタケルと草薙剣の謎に迫る。

『古事記』概要⑮「ヤマトタケルの熊曾《クマソ》・出雲征伐」

第十二代景行《けいこう》天皇には、皇后や妃に産ませた八〇人もの御子がいた。そのうち皇后の御子は、大碓命《オオウスノミコト》と小碓命《オウスノミコト》などである。あるときオオウスは、美濃国造の娘二人を連れてくるようにという天皇の命に背き、娘達を自分のものにしてしまった。そのため天皇はそのオオウスの行為を諭《さと》すよう、弟のオウスに命じた。するとオウスは、夜明け前に兄が厠《かわや》に入るのを待ち構えていて、いきなり殺してしまい、さらにその死体をバラバラにして投げ捨ててしまった。それを知った天皇は、その残忍さに恐れを抱くようになった。

オウスを恐れた天皇は、オウスにヤマト王権に従わない南九州の熊曾建《クマソタケル》兄弟の征伐を命じた。オウスは、クマソ征伐に向かう前に、伊勢神宮を管轄する第十一代垂仁天皇の娘で叔母のヤマトヒメノミコトを訪れ、少女の衣装を授かった。このときオウスは十代半ばの少年であった。

クマソでオウスが様子を窺《うかが》う内、クマソタケル兄弟が屋敷の新築祝いの宴会を開くことを聞いた。そこで女装して兄弟を油断させ、宴会中に近づいて、懐《ふところ》に隠し持った剣で刺殺した。弟のクマソタケルは、その勇敢さを称え、オウスに建《タケル》という名前を献上した。その後オウスは、倭建《ヤマトタケル》と名乗ることになった。

クマソ征伐を終えたヤマトタケルは、やはりヤマト王権に従わない出雲建《イズモタケル》の征伐のため、出雲に向かった。出雲では、まずイズモタケルと親しくなった。そして油断をさせて、共に水浴びをする内に、隙《すき》を見てイズモタケルの剣を木刀に変えた。その上で、ヤマトタケルはイズモタケルに決闘を挑んだ。剣が木刀に変わっていることに驚くイズモタケルを、ヤマトタケルは一刀両断に斬り殺した。

出雲征伐を終えたヤマトタケルは、英雄として大和に帰還する。しかしヤマトタケルを恐れた景行天皇は、成果を労《ねぎら》う間もなく、直ちに東国征伐を命じた。

48 何故、第十二代景行天皇は、オウス（ヤマトタケル）を遠ざけたのか？

何故、第十二代景行天皇はオウスを遠ざけたのだろう。

それは、『古事記』が記すように、オウスが十代半ばにもかかわらず、残酷な殺人を大胆かつ平然と実行する少年であることに、恐れを抱いたからであろう。オウスを遠ざけるため景行天皇は、オウスに、懸案《けんあん》だったクマソや出雲の征伐を命じたと思われる。遠征に失敗してもかまわないと思ったのかもしれない。

しかしオウスは見事に征伐に成功し、しかもヤマトタケルという称号まで得て凱旋《がいせん》してきた。さらにその討伐の巧妙さを聞き、景行天皇は一層ヤマトタケルを警戒し、恐れて遠ざけたいと思ったのではないだろうか。直ちに東国征伐を命じたのは、そのためと思われる。

図9-1　ヤマトタケルの西征ルート

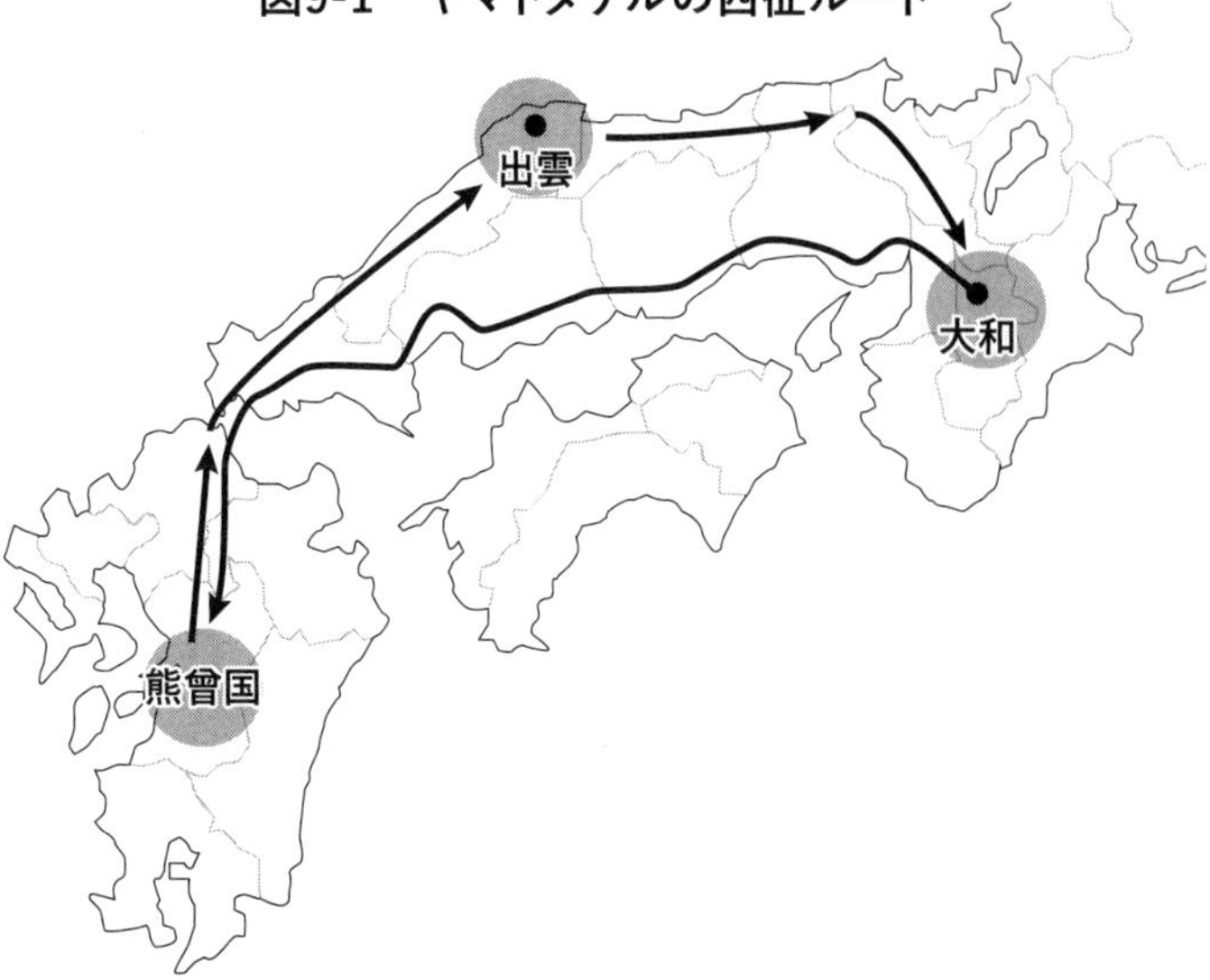

49 ヤマトタケルの西征で、巧妙な騙し討ちが多いのは何故か？

ヤマトタケルの西征では、英雄とされる割には巧妙な騙し討ちが多い。それは何故だろう。

そもそも、ヤマトタケルの遠征隊は何名位の編成だったのだろう。おそらく当時の兵站能力を考えれば、数名以下だったのではないだろうか。特にヤマト王権に敵対する国への遠征では、当時の輸送能力を考えると現地での兵站確保が困難なため、大人数での遠征は難しかったと思われる。ヤマトタケルの征伐が、個人戦が中心で大規模な戦闘がなく、しかも巧妙な騙し討ちが多いのは、遠征隊が少人数だったためだろう。

ヤマトタケルの遠征隊が少人数であったとすれば、景行天皇が望んだヤマトタケルの遠征の本来の目的は、征伐というよりは、むしろヤマト王権の親善大使として地域を訪問し、親善を図り、ヤマト王権との交易拠点を設営することだったのではないだろうか。

『古事記』概要⑯「ヤマトタケルの東国征伐と伊吹山での死」

ヤマトタケルは東国征伐に向かう途中に、伊勢神宮のヤマトヒメの許《もと》に再び立ち寄り、景行天皇から嫌われていることを嘆く。ヤマトヒメは、ヤマトタケルに「三種の神器」の一つである草薙剣と、小さな袋を授け励ました。

その後、ヤマトタケルは尾張国を訪れ、ミヤズヒメと出会い、東征後に妻とすることを約束した。次に静岡の焼津《やきつ》を訪れたとき、その地の国造に騙され、野原で火責めに遭《あ》い殺されそうになった。そこでヤマトヒメから授かった草薙剣で周囲の草を薙ぎ払い、同じくヤマトヒメから授かった小袋の中の火打石で、その草に火をつけて窮地を脱する。そして国造を征伐した。

その後、上総（千葉）に向かうため、船で走水《はしりみず》の海（浦賀水道）を渡る時、激しい嵐に出会った。妃の弟橘比売《オトタチバナヒメ》は、神の怒りによる嵐を鎮めようと、荒れ狂う海に身を投げた。すると海は穏やかになり、航海を進めることができた。その後、上総に渡り、筑波《つくば》平定に成功する。

次に箱根の北の足柄《あしがら》峠に戻ったとき、ヤマトタケルは、入水したオトタチバナヒメのことを思い、「吾妻《あづま》はや（ああわが妻よ）」と叫んだ。足柄峠から東を東国《あずま》と呼ぶようになったのは、それからである。

次に甲斐（山梨）の酒折宮《さかおりのみや》に来たとき、警護の老人がヤマトタケルの歌に、当意即妙の歌で返答した。その歌を聞きヤマトタケルは感心して、老人を東国の国造に任命した。その後、ヤマトタケルは信濃を越えて尾張に帰り東征を終え、約束通りミヤズヒメを妻とした。

尾張に帰った後、ヤマトタケルは素手で伊吹山の神を討ち取ると言い、ミヤズヒメの許に草薙剣を置いて、伊吹山に向かった。しかし挑発され怒った伊吹山の神に、激しく雹《ひょう》を降らされて、ヤマトタケルは意識を失いかけ、体力も急速に衰えてしまった。それでもなんとか山を下り、大和に向かって進み、あと一つ三重の村を越えれば大和という能褒野《のぼの》の地まで来て、ついに死期を悟る。そして故郷をしのび、歌を作って死んだ。

50　何故ヤマトヒメは、草薙剣をヤマトタケルに授けたのか？

何故、ヤマトヒメは、貴重な三種の神器の一つである草薙剣をヤマトタケルに授けたのだろう。

それは、第十二代景行天皇から避けられ、悲しむヤマトタケルに対し、ヤマトヒメは叔母として、実の母のような愛情を注いでいたからではないだろうか。そのため傷心のまま東国遠征に向かうヤマトタケルを元気づけようと、伊勢神宮に祀られていた霊剣、草薙剣を授けたに違いない。草薙剣がなくても三種の神器の一つの八咫鏡があれば、伊勢神宮の祖神祭祀にはさしさわりがないと考えたのかもしれない。

またヤマトヒメはヤマトタケルを勇気づけるため、ヤマトタケルに、尾張にミヤズヒメという素晴らしい女性がいること、そして東征後には妻として迎え、尾張をヤマト王権の東国統治の拠点として、草薙剣を祀り、統治したらどうかと勧めたのではないだろうか。

図9-2　ヤマトタケルの東征ルート

51　草薙剣が、「三種の神器」になったのは、いつか？

『古事記』によれば、草薙剣はスサノオがヤマタノオロチを退治したとき、その体内から現れ、それをアマテラスに献上したものである。その後ニニギに授けられ、それが神武天皇に渡り、ヤマト王権の「三種の神器」の一つになったとされる。

しかし前述のように、「アマテラス神話」が崇神天皇の創作なのと同様に、草薙剣がスサノオからアマテラスに献上されたという神話も、崇神天皇による創作ではないかと思われる。

ではいつ、草薙剣が「三種の神器」の一つになったのだろう。

「三種の神器」が整えられたのは、おそらく、ヤマト王権の基盤が確立した崇神天皇の頃と思われる。何故なら神武東征の際には、神武天皇が三種の神器を携帯していた様子が全くないからである。例えば『古事記』には、神武東征の際に、タカクラジからの太刀の贈与が、神武一行の気力を回復させ、神武東征の成功に貢献したと記されているが、草薙剣については一切記述がない。そのため草薙剣は、おそらく神武天皇の東征後に、ヤマト王権が大和で近隣の出雲同盟諸国を制圧し、その基盤を造っていく過程で、近隣の出雲同盟国の豪族から手に入れたものではないかと思われる。

その後、第十代崇神天皇がヤマト王権の祖神を皇宮外の社に祀ったとき、同時に草薙剣も社に祀られ、八咫鏡、八坂瓊勾玉と共に「三種の神器」として整えられたのだろう。

そして第十一代垂仁天皇の命を受け、ヤマトヒメが伊勢神宮を造営したとき、草薙剣も伊勢神宮に移され祀られたのだと思われる。

52　何故、ヤマトタケルは草薙剣をミヤズヒメのもとに預け、出かけたのか？

ヤマトタケルは何故、草薙剣をミヤズヒメのもとに預け、しかも無謀にも素手で、伊吹山の神を討ち取りに出かけたのだろう。

『古事記』は、ヤマトタケルが自分の力を過信したからだとする。しかし前述のようにヤマトタケルは、それまでも巧妙な知略で強敵に勝利してはいるが、決して武力によってではない。少なくとも伊吹山の神に対し、素手で戦いを挑む程、武力に自信があったとは思えない。また伊吹山の「神の怒り」に合い、襲撃を受けて逃げた方向が、出発した尾張へではなく、大和の方向だったのも不思議である。

それは、ヤマトタケルが尾張を発ち、伊吹山に向かった目的が、伊吹山の神を討ち取るためではなく、別の目的のためだったと考えれば納得できる。

おそらくヤマトタケルが尾張を発ったのは、大和の景行天皇に、東国征伐の成功を報告するためではなかったろうか。武器を所持しなかったのは、戦闘が目的ではなかったからであろう。ヤマトヒメのアドバイスに従って、今後は尾張をヤマト王権の東国統治の拠点として、尾張で草薙剣を祀り、ミヤズヒメと共に暮したいと、天皇に告げるつもりだったのかもしれない。そして伊勢に立ち寄り、ヤマトヒメにもそのことを報告する考えだったのではないだろうか。

とすれば草薙剣をミヤズヒメのもとに預け、素手で尾張を発ったことが理解できる。そもそもヤマトタケルの行路を辿《たど》れば、伊吹山が目的地だったとは考えにくく、むしろ大和を目指していたと考える方が妥当であろう。

図9-3　伊吹山からのヤマトタケルの行路

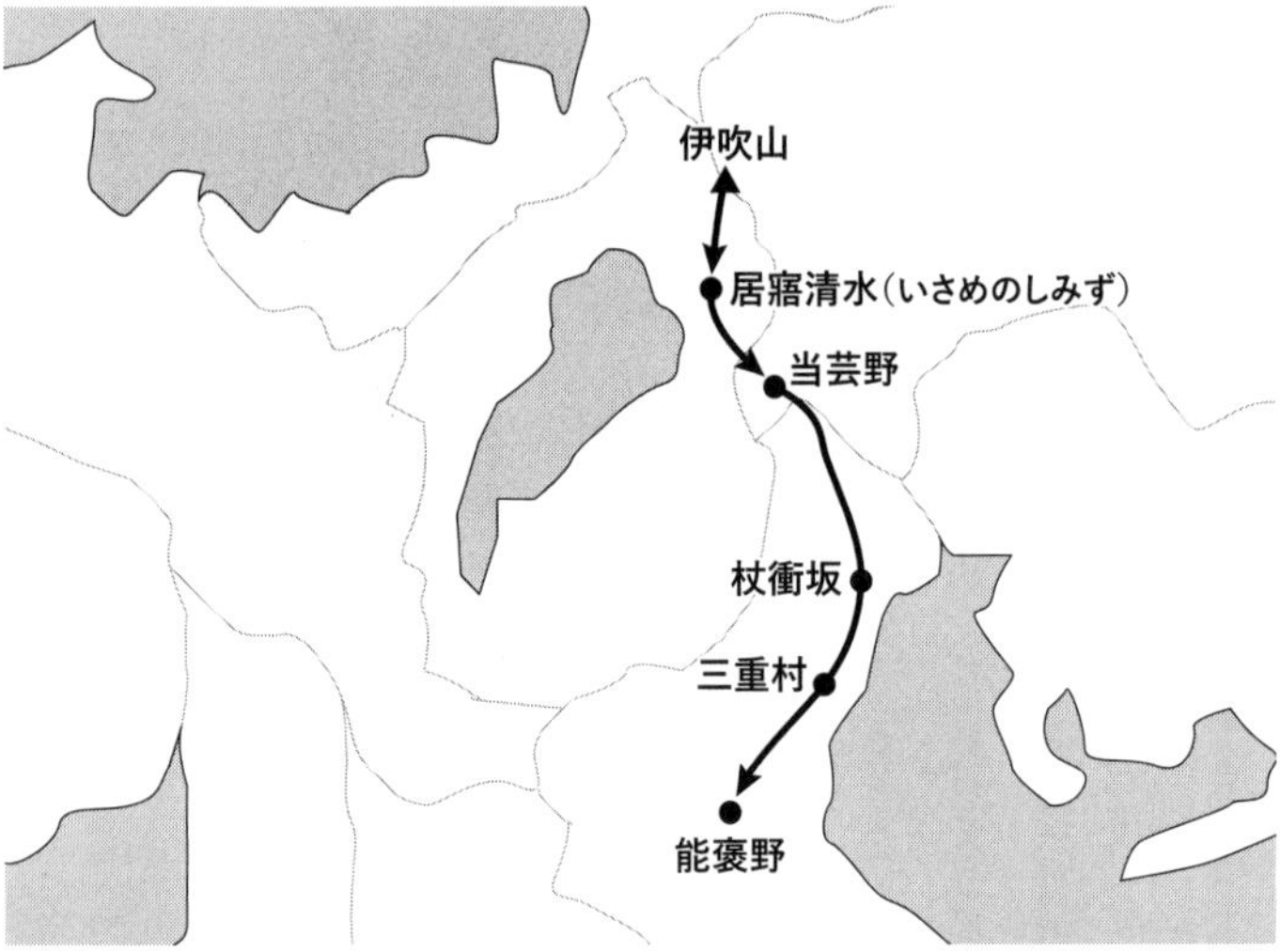

　しかしそのヤマトタケルの動きを、恐れ警戒する人物が、ヤマト王権にいたのである。それは後に第十三代成務《せいむ》天皇となる、景行天皇の第四皇子若帯日子《ワカタラシヒコ》の腹心、武内宿禰《タケウチノスクネ》に違いない。景行天皇の覚えが目出たく、次の天皇を目指すワカタラシヒコと、その腹心武内宿禰にとって、景行天皇と皇后の御子で、かつヤマト王権の英雄であるヤマトタケルは、最大のライバルであった。しかも東国征伐に成功したヤマトタケルが、尾張で東国の支配権を握るとなれば、今後大きな脅威になると考えたに違いない。

　ヤマトタケルが東国征伐成功の報告のため、大和に来ることを事前に知った武内宿禰は、途中で待ち伏せ、手勢を使い、ヤマトタケルを暗殺したのではないだろうか。そしてそれを、伊吹山の「神の怒り」により殺された、との神話にしたのだろう。

武内宿禰は日本の歴史上、初めて現れた極めて有能な官僚である。後述するが、ヤマトタケルの御子で第十四代仲哀《ちゅうあい》天皇も、ヤマトタケルと同様に「神の怒り」で不審死をする。そしてこの不審死も、武内宿禰による暗殺と考えられている。「神の怒り」で殺された二人は、いずれも当時、武内宿禰にとって不都合な存在であり、しかもどちらの場合もその没後に、武内宿禰の権勢は大幅に強化されている。

これらの事実は、ヤマトタケルの死が「伊吹山の神の怒り」のせいではなく、実は武内宿禰による暗殺だったことを証明しているのではないだろうか。

53　草薙剣は、何故、熱田神宮に祀られているのか？

草薙剣は、「三種の神器」の一つなのにもかかわらず、何故熱田神宮に祀られることになったのだろう。

ヤマトタケルの没後、草薙剣は伊勢神宮に戻されることなく、ミヤズヒメにより尾張の熱田で祀られ続け、それが熱田神宮の起源となった。尾張氏はヤマト王権の有力豪族でヤマトタケルの親派でもあったため、ヤマトタケルの意思を継いだものと思われる。またヤマト王権、特にその有力者であった武内宿禰は、ヤマトタケルの祟りを恐れ、草薙剣を祀る熱田神宮の設立を容認したのだろう。

草薙剣は、六六八年、第三十八代天智天皇のとき、新羅人による盗難にあったが、すぐに取り戻され、その後皇宮内で保管されることになった。しかし六八六年に第四十代天武《てんむ》天皇が病に倒れた時、その病は草薙剣の祟りとされ、再び草薙剣は熱田神宮に戻された。草薙剣の祟りとは、とりも直さずヤマトタケルの祟りであろう。

当時ヤマトタケルが祟ることは、ヤマト王権にとって、十分に思い当たることであったのに違いない。

54 武内宿禰とは何者か?

決断力や行動力に優れ、権謀術数《けんぼうじゅっすう》にも長けていた、武内宿禰とは何者だったのだろう。

武内宿禰は、第十二代景行天皇から、成務、仲哀、応神《おうじん》、そして第十六代仁徳《にんとく》天皇と、五代の天皇に仕えた極めて有能な忠臣とされる。後のヤマト王権の有力豪族である葛城氏や蘇我氏、紀《き》氏、巨勢《こせ》氏、平群《へぐり》氏等の祖とされ、ヤマト王権の有能な官僚として、初めて巨大な権勢を振るった人物である。

景行天皇が群臣を招き宴を催したとき、武内宿禰と第十三代成務天皇となる王子のワカタラシヒコは非常時に備えてという理由で参じなかった。その心配りを天皇は賞賛し、このことがワカタラシヒコが、皇太子に任じられるきっかけとなった。この行動は目端のきく武内宿禰が進言したものと思われる。しかも武内宿禰は、成務天皇と同じ日に生まれたこともあって寵愛され、成務天皇が即位すると間もなく大臣に任じられた。

成務天皇の治世は、景行天皇やヤマトタケルによる全国平定がほぼ終了し、ヤマト王権の権威が広く全国に行き渡るようになった時代である。成務天皇により全国の国造の約半数が、新たに任命されていることからも、そのことが窺える。おそらくその実務を取り仕切ったのは、武内宿禰であろう。ヤマト王権は安定成長期を迎えたのである。そして武内宿禰は有能な官僚として、ヤマト王権内で巨大な権勢を誇るようになった。

ヤマト王権の発展

X章　応神天皇、神功皇后の謎を解く

神功皇后《じんぐうこうごう》による新羅遠征は、ヤマト王権にとって画期的な出来事だった。そして常にその陰には、ヤマト王権で絶大な権力を握る武内宿禰の謎めいた存在がある。この新羅遠征をきっかけに朝鮮半島との交易が活発化し、第十五代応神天皇率いるヤマト王権は、その権勢を高めていく。本章では応神天皇と神功皇后、そして武内宿禰の謎に迫る。

『古事記』概要⑰「神功皇后の新羅《しらぎ》遠征」

第十三代成務天皇には子がなかった。そのためその没後、ヤマトタケルの御子の帯中日子《タラシナカツヒコノ》天皇《スメラミコト》が第十四代仲哀天皇として即位した。即位後、間もなくクマソが反乱を起こしたので、仲哀天皇は、その鎮圧のため、福岡に香椎宮《かしいのみや》を設営し赴《おもむ》いた。その後しばらくして、皇后の息長《オキナガ》帯《タラシ》比《ヒ》売命《メノミコト》（神功皇后）に神が降臨し、クマソよりも金銀財宝に恵まれた新羅を制圧せよとの神託が下る。しかし仲哀天皇はその神託を信用せず、従わなかった。そのため仲哀天皇は、神の怒りに遭《あ》って急死してしまう。そして神は武内宿禰に、神功皇后の胎内に宿っている子が世継ぎであると告げた。

神功皇后は神託に従い、軍勢を整えて新羅遠征に向かった。遠征の最中に胎内の御子が生まれそうになるが、腹に石を巻いて出産を遅らせた。そして神の支援を得て、新羅と百済《くだら》を支配下に置くことに成功する。その後、新羅から帰った皇后は無事出産し、品陀和気命《ホムダワケノミコト》（第十五代応神天皇）が生まれた。

55　何故、福岡の香椎宮に、ヤマト王権の中枢を移したのか？

第十三代成務天皇の治世に、ほぼ全国制覇を成し遂げたヤマト王権にとって、クマソの反乱が、ヤマト王権の中枢を福岡に移してまで対応すべき脅威だったとは、とても思えない。何故、第十四代仲哀天皇は香椎宮を設営し、ヤマト王権の中枢を福岡に移したのだろう。

第十四代仲哀天皇の即位は、成務天皇の大臣であった武内宿禰の推挙《すいきょ》によるのではないだろうか。おそらく仲哀天皇の父、ヤマトタケルの人気に配慮したためであろう。前述したように、自らがヤマトタケル暗殺の首謀者である、という後ろめたさもあったのかもしれない。ヤマト王権で、武内宿禰は、仲哀天皇以上の絶大な権勢を有しており、いずれにしろ仲哀天皇は傀儡《かいらい》に過ぎなかったと思われる。仲哀天皇がクマソ征伐のため香椎宮を設営し、ヤマト王権の中枢を福岡に移したのは、実は武内宿禰の意向だったのではないだろうか。

武内宿禰は成務天皇の大臣として、全国の交易ルートをヤマト王権の統治下に置き、王朝の権勢を全国展開することに成功した。そして織田信長や豊臣秀吉のように、次は大陸との交易（利益）拡大を新たな目標としたのだろう。そのためヤマト王権の中枢を、朝鮮半島に近い福岡に移したと考えられる。

高句麗《こうくり》の好太王《こうたいおう》の碑文には、四世紀末、倭（北九州の海賊）の活動が活発だったことが記されている。この頃北九州の豪族達が、朝鮮半島との交易を求めて、活動をしていたことが窺《うかが》える。前述のように、従来、ヤマト王権は、豊国を拠点とする太平洋（秦）ネットワークと親しく、そのネットワークの豪族達からも、朝鮮半島との交易強化を求められていたと思われる。そのための最大の課題が、新羅遠征だったのだろう。福岡に拠点を移した名目はクマソ征伐であったが、神功皇后の神託が告げるように、クマソよりも交易強化のための新羅遠征が、遥かに重要な目的であったに違いない。

図10-1　神功皇后の新羅遠征ルート

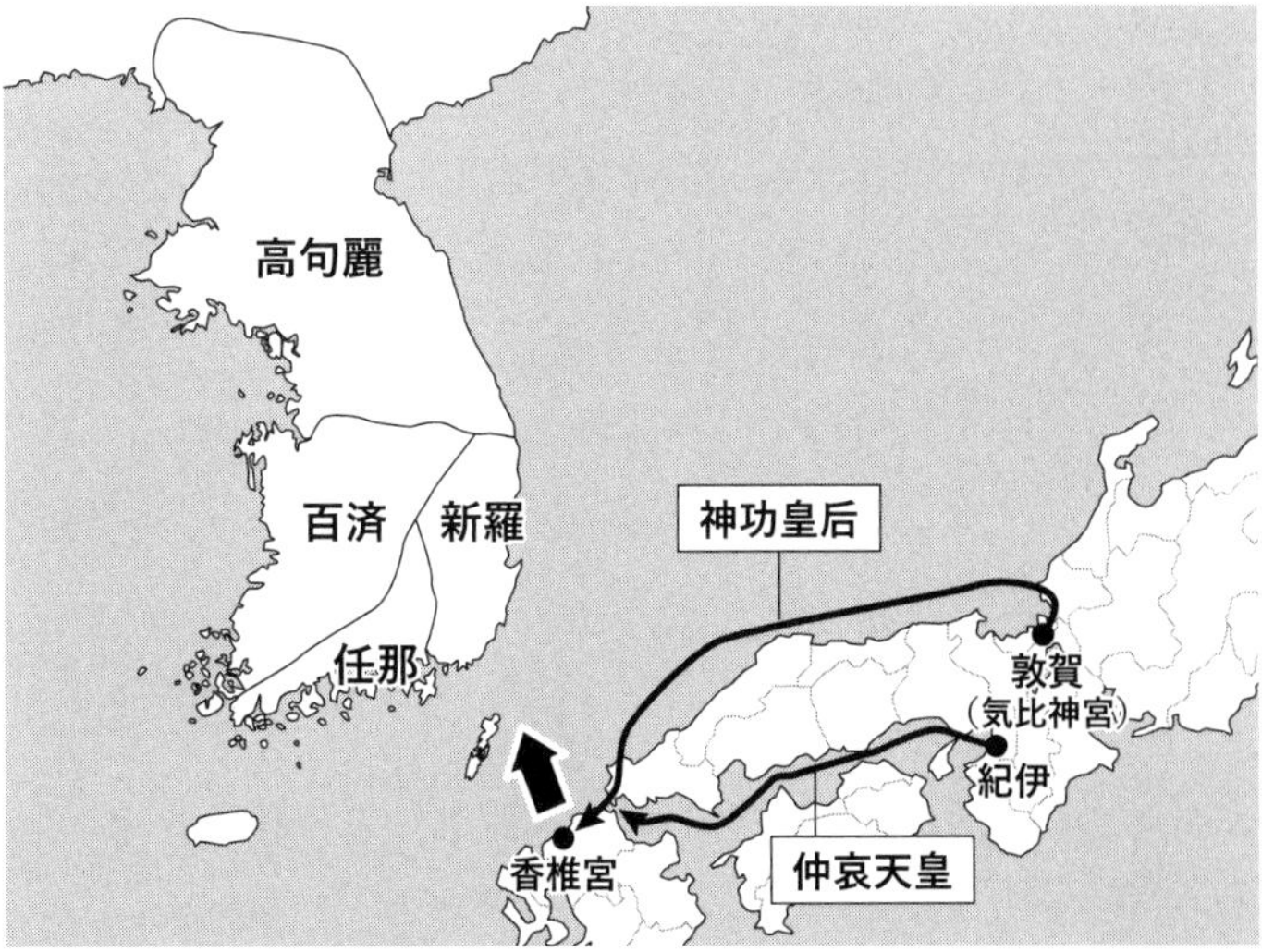

56　神功皇后は、何故香椎宮に赴く前に、気比神宮に参拝したのか？

『日本書紀』によれば、神功皇后は香椎宮に赴く前に、敦賀の気比神宮に参拝したとされる。神功皇后は何故、仲哀天皇には同行せず、別途、気比神宮に参拝したのだろう。

仲哀天皇が香椎宮に拠点を移した目的は、クマソ征伐のためであるが、歴史学者安本美典もその著作で述べているように、ヤマト王権の権力者である武内宿禰にとってその目的は、朝鮮半島との交易強化のための新羅遠征だったに違いない。

おそらく神功皇后は事前にそのことを知っており、武内宿禰とは思いを共にしていたのではないだろうか。武内宿禰は、新羅との交易強化を実現するため、ヤマト王権の重臣である四大夫《たいふ》達と謀り、クマソ征伐を名目に王朝の中枢を香椎宮に移した。その上で神功皇后に、仲哀天皇に対し新羅遠征を命じる神託を下すように、事前に頼んでいたのではないだろうか。

神功皇后は日本海ルートによる交易の盛んな高志育ちであり、敦賀は神功皇后の出身氏族が統治する地である。そのため元々朝鮮半島の先進文化や先進技術への憧《あこが》れが強く、朝鮮半島との交易拡大を目指す武内宿禰の思いに共感を抱いていたのだろう。またその思いが、朝鮮半島情勢に疎い仲哀天皇に理解されないことも、十分に分かっていたのではないだろうか。

そのため神功皇后は香椎宮に赴く前に、祖神を祭る氣比神宮の神前で、「武内宿禰に従い、仲哀天皇を裏切る」という自らの決意を誓い、その成功を祈念したのではないだろうか。

57 何故、仲哀天皇は頑《かたく》なに新羅遠征に反対し、急死したのか？

何故、仲哀天皇は頑なに新羅遠征に反対したのだろう。

武内宿禰と神功皇后は、朝鮮半島との交易を強化しようという考えが一致していたこともあり、早くから親密な関係であったと思われる。作家高木彬光や歴史学者安本美典は、その著作で

図10-2　神功皇后の東征ルート

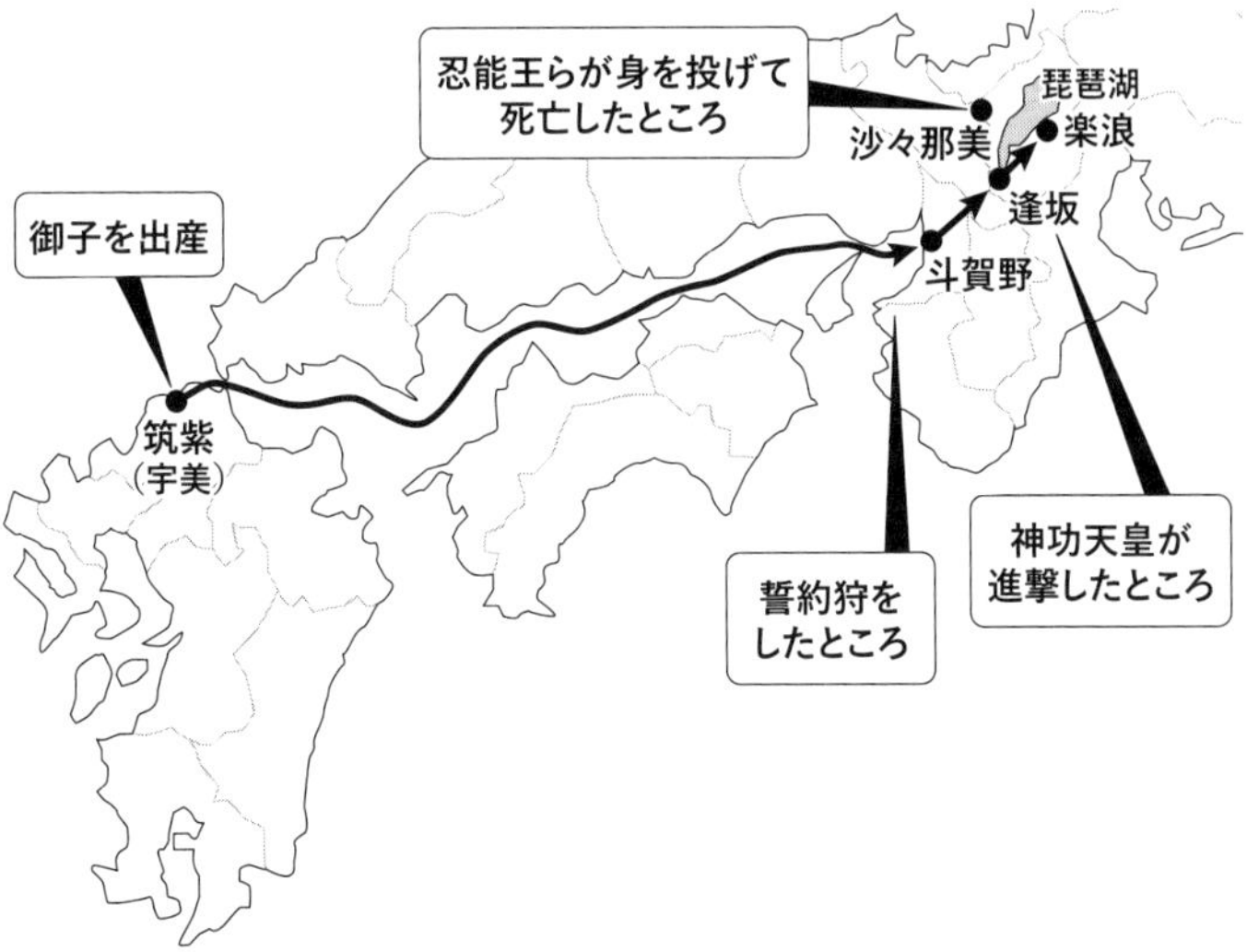

明確に、第十五代応神天皇は、神功皇后と武内宿禰の子であるとさえ指摘している。確かに応神天皇誕生の状況を考えれば、それが自然な考えであろう。

勿論、仲哀天皇にとって、神功皇后と武内宿禰の親密さは、大変不愉快なものであったに違いない。またヤマト王権の全てを取り仕切り、天皇を凌《しの》ぐ強大な権力を持つ武内宿禰に対して、仲哀天皇は元々大きな反感を抱いていたのかもしれない。だから仲哀天皇は神功皇后の神託を疑い、頑なに新羅遠征に反対せずにはいられなかったのだろう。

そのため武内宿禰は、自分達の方針に従わない仲哀天皇を、暗殺せざるを得なかったのだと推察される。勿論、仲哀天皇の死は、公には新羅遠征を強く求める北九州諸国の神である、宗像神の怒りに触れたためとされた。暗殺を隠したのは、ヤマト王権の方針を新羅遠征にまとめる上で、それが有効と判断したからであろう。もっとも武内宿禰にとっては、自身も第八代孝元天皇の末裔《まつえい》で天皇家の血筋であり、仲哀天皇の暗殺も、王家の権力闘争の一つに過ぎず、よくあることだと考えていたのかもしれない。

『古事記』概要⑱「神功皇后の大和帰還と応神天皇の治世」

新羅遠征を終えた神功皇后は、瀬戸内海を経て大和に帰還することにした。しかし事前に皇后は、大和に反乱の気配があることを知り、仲哀天皇の亡骸《なきがら》を運ぶ喪船《もせん》に御子ホムダワケを乗せ、ホムダワケが死亡したとの偽りの風聞を流した。その風聞を聞き、仲哀天皇の御子でホムダワケの異母兄の一人忍熊王《オシクマノミコト》は、喪船を襲った。しかし伏兵に会い敗走する。そして山城で皇后と睨《にら》み合いになった。皇后は、今度は自らを死んだと偽り、油断した忍熊王を破った。

皇子ホムダワケは、死を偽ったのでその穢《けが》れを清めるため、武内宿禰に連れられて、敦賀の気比神社に参拝した。その後で大和に帰還し、第十五代応神天皇として即位した。

応神天皇の治世には、多くの渡来人が百済や新羅から来航し、朝鮮半島からの先進文化の導入が進んだ。

応神天皇は妃が異なる三人の息子の内、宇遅能和紀郎子《ウジノワキイラツコ》を後継者に指名した。しかし応神天皇が崩御すると、三人の中で一番年上の大山守命《オオヤマモリノミコト》が野心を露わにして、ウジノワキイラツコを殺そうとした。しかし逆に殺されてしまった。

その後、ウジノワキイラツコが皇位につくことを固辞したため、もう一人の兄の大雀《オオサザキノ》命《ミコト》が即位し、第十六代仁徳天皇となった。

58　何故、武内宿禰はホムダワケを連れ、気比神宮に参拝したのか？

『古事記』では、ホムダワケが気比神宮に参拝したのは、死を偽った穢《けが》れを清めるためとしている。しかしそれなら同様に死を偽った神功皇后も、同行して穢れを清めるべきであろう。だが同行したのは武内宿禰だけである。何故だろう。

ホムダワケは前述のように、神功皇后と武内宿禰の御子であったと思われる。そのため武内宿禰は、初めて父親として、皇子ホムダワケを連れ、神功皇后の祖神に参拝して戦勝を感謝し、今後の応神天皇政権への加護を祈念したのではないだろうか。

図10-3　武内宿禰の血族

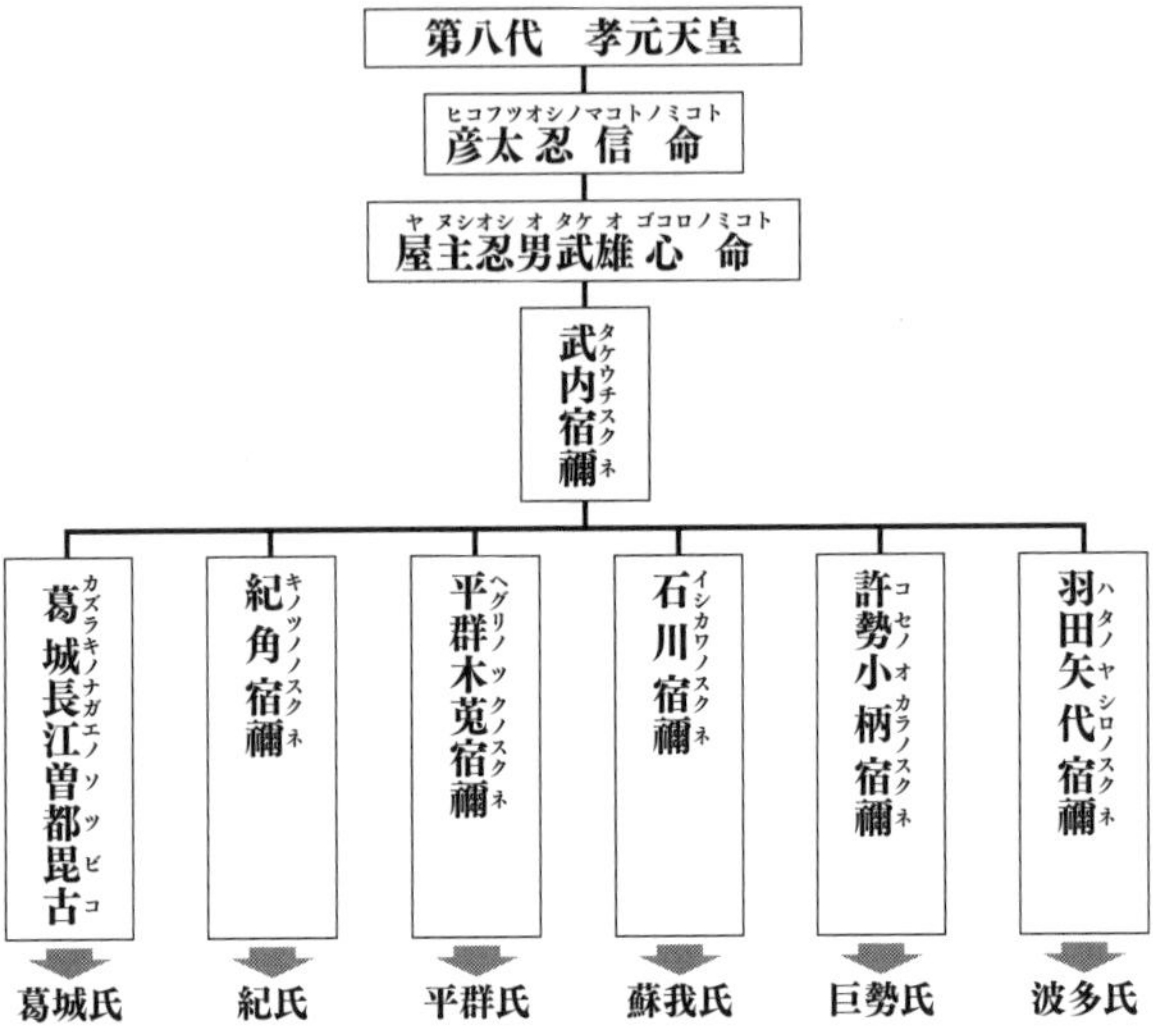

武内宿禰が目指したヤマト王権の新しい方針は、北九州、瀬戸内諸国の豪族達との連携による、朝鮮半島への進出と交易強化だったと思われる。武内宿禰は、神功皇后、応神天皇の治世でも、政権トップとしてその改革を遂行した。朝鮮半島の動乱の影響もあって、応神天皇の治世には朝鮮半島から多数の渡来人が来航するようになった。大陸の先進文化が次々と移植され、ヤマト王権の繁栄は一層強化された。そしてその過程で、武内宿禰の権力も一層強大になっていったに違いない。

　武内宿禰は、葛城氏、紀氏、平群氏、蘇我氏、巨勢氏等、その後のヤマト王権を支えた有力氏族の祖とされ、天皇の外戚として強大な権勢を振るった。まず葛城氏が仁徳天皇の治世で有力な外戚となった。歴史学者安本美典によれば、歴代天皇の外戚となった人数の多い血族として、武内宿禰の血族が、後の藤原氏に次いで二番目だそうである。

XI章　倭の五王、継体天皇の謎を解く

ヤマト王権の権勢は、第十六代仁徳天皇のときに絶頂期を迎えるが、その後安定期を経て、やがて衰退していく。しかもその頃朝鮮半島では、高句麗が勢力を強め、ヤマト王権の朝鮮半島戦略も精彩を欠く。中国の歴史書『宋書』に記される倭の五王は、この頃の天皇達とされるが、何故か『古事記』にも『日本書紀』にもその記載がない。そしてその後、皇位継承者がいなくなったヤマト王権を受け継いだのは、何故か、応神天皇の五世子孫である第二十六代継体《けいたい》天皇である。本章ではこれらの謎に迫る。

『古事記』概要⑲「仁徳天皇から倭の五王時代」

第十六代仁徳天皇は善政を敷いた理想的な天皇とされる。例えば、ある日山に登り、煮炊きの煙がまったく上がっていないことに気付き、民の窮乏を知って税を三年間免除した。また大和を離れ大阪の難波に宮を築き、朝鮮半島の先進的な土木技術を用いて、度々《たびたび》洪水で氾

濫した難波に大規模な治水事業も行った。仁徳天皇の善政により国は大いに栄えた。

仁徳天皇の皇后は、当時最大の豪族であった葛城氏の出であった。しかし大変嫉妬深く、他の妃との軋轢に、仁徳天皇はしばしば悩まされた。

仁徳天皇の崩御後、長男が第十七代履中《りちゅう》天皇（大江之伊邪本和気命《オオエノイザホワケノミコト》）として即位した。履中天皇は難波を嫌い、大和の磐余《いわれ》に宮を移した。履中天皇の崩御後、その弟が第十八代反正《はんぜい》天皇（蝮之水歯別命《タジヒノミズハワケノミコト》）として、さらに反正天皇の崩御後、その弟が第十九代允恭《いんぎょう》天皇（男《オ》浅津間若子宿禰命《アサヅマワクゴノスクネノミコト》）として即位した。允恭天皇は長男の木梨軽太子《キナシノカルノミコ》を皇太子に定めた。しかし軽太子は妹と道ならぬ恋に落ちてしまい、やがて捕えられ流刑に処せられてしまう。

軽太子を排除し即位したのは、弟の第二十代安康《あんこう》天皇（穴穂御子《アナホノミコ》）である。あるとき安康天皇は部下に騙《だま》され、激情にかられて伯父の大日下王《オオクサカノミコ》を殺してしまった。後に部下に騙されていたことを知った安康天皇は、大日下王の妻を皇后とし、その子の目弱王《マヨワノミコ》を引き取って育てた。

ところがある日、偶然、目弱王は、父が天皇に殺されたことを知り、復讐のため天皇を殺してしまう。そして大臣である葛城氏の屋敷に逃げ込んだ。当時の葛城氏は、仁徳天皇以降、絶大な権力を誇る外戚であった。

安康天皇の同母弟の大長谷《オオハツセ》は、この事態収拾を二人の兄と相談した。しかし二人が弱腰なのを見て怒り、二人を殺し、兵を集めて、葛城氏を攻め滅ぼした。その結果、葛城氏は凋落《ちょうらく》してしまう。さらにオオハツセは、葛城系で従兄弟の忍歯王《オシハノミコ》も、謀反の疑いがあるとして殺してしまった。そのため忍歯王の遺児二人は、危険を察して播磨に逃げ、牛飼いと馬飼いに身をやつして隠れた。

オオハツセは、第二十一代雄略《ゆうりゃく》天皇として即位した。雄略天皇は、気に障ると直ぐに臣下を処刑してしまう等、強権を振う専横君主だった。雄略天皇は優雅な女性関係でも知られるが、その横暴で残虐な行為も数多く記されている。

『三国史記』によれば、その頃朝鮮半島は、高句麗が強大になり、百済と新羅を圧迫し動乱の時代を迎えており、ヤマト王権はその対応を迫られていた。やがて百済の首都ソウルが陥落し、滅亡の危機を迎えた。雄略天皇は、従来、友好関係にあった百済を支援して、高句麗と戦った。

雄略天皇の死後、その御子が第二十二代清寧《せいねい》天皇（白髪大倭根子命《シラカノオオヤマトネコノミコト》）として即位した。その崩御後、清寧天皇に子がなかったため、皇位継承者がいなくなった。しかし幸いにも、播磨に隠れていたオシハノミコの遺児二人が見つかり、第二十三代顕宗《けんぞう》天皇（石巣別命《イワスワケノミコト》）、第二十四代仁賢《にんけん》天皇（意富祁王《オオケノミコ》）として順次即位した。

（この後『古事記』は、第二十五代武烈《ぶれつ》天皇から第三十三代推古天皇までの、簡単な系譜のみを記

して、歴史を語ることを止める）

59　允恭天皇以降、何故、ヤマト王権の権勢が衰退していったのか？

朝鮮半島との交易を活性化した神功皇后と第十五代応神天皇の改革により、第十六代仁徳天皇の頃にヤマト王権は絶頂期を迎えた。しかしその繁栄は長くは続かなかった。特に第十九代允恭天皇以降、王権内部では暴力沙汰や近親相姦等の不祥事《ふしょうじ》が頻発するなど、次第に王朝の文化は爛熟《らんじゅく》していき、権勢の衰退が明らかになっていく。それと同時に、優れた人材がヤマト王権内にはいなくなり、権力者は権力に溺れ、無能で堕落していった。どうしてだろう。

一般に優れた組織も、改革を怠れば官僚化し、堕落してしまう。どんなに繁栄した企業でも、時代に適応した新しい事業を創り、変革していかないと三十年で没落してしまうという「企業寿命三十年説」が知られているが、仁徳天皇から武烈天皇までのヤマト王権は、繁栄の中、安逸《あんいつ》を貪《むさぼ》るうち、正《まさ》しく同じ状況に陥ってしまったのではないだろうか。

ヤマト王権では第二十一代雄略天皇が王権を争奪した後、特に王権による横暴が目立つようになった。王権は地方（現場）のことを考えず、ヤマト王権内部の権力闘争に明け暮れ、異常な行

図11-1　武内宿禰の子孫(葛城氏)の系譜

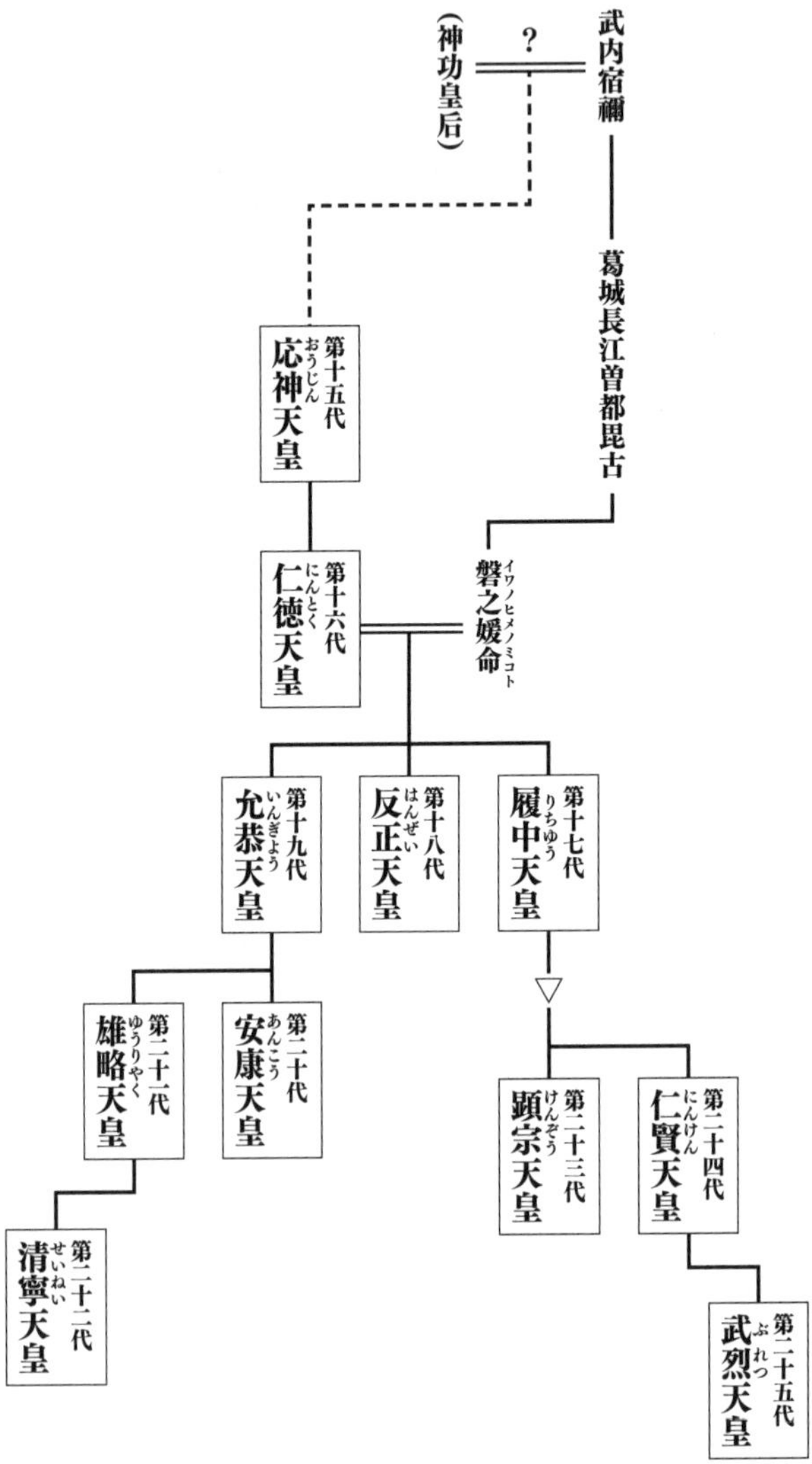

為が常態化した。またそのような王政の横暴に反抗した葛城、平群、吉備等の有力氏族達も、逆に滅ぼされてしまった。ヤマト王権の衰退は、官僚化が進み、改革を怠り安逸を貪り続けた結果だったと思われる。

60 何故、『古事記』は、『宋書』が記す倭の五王について記述しなかったのか？

中国の歴史書『宋書』に、五世紀、倭の五王（天皇）、「讃《さん》」「珍《ちん》」「済《せい》」「興《こう》」「武《ぶ》」が、順次、宋に朝貢したと記されている。この五王に該当するのは、応神から雄略までの天皇の内、五人とされている。しかし『古事記』『日本書紀』とも、この事実を記してはいない。それは何故だろう？

この頃朝鮮半島では、高句麗が勢力を強め、新羅、百済を圧迫しており、その混乱から我国と朝鮮半島諸国との交易も衰退していたと思われる。更にヤマト王権の対朝鮮半島政策の不手際もあって、その影響が大きかった北九州の豪族達のヤマト王権への反感は大きかったであろう。そのためヤマト王権の倭の五王達は、宋の皇帝から称号をもらい、朝鮮半島における発言権を強化しようとして、長きにわたって朝貢し続けたと推察される。

図11-2　倭の五王の宋への朝貢

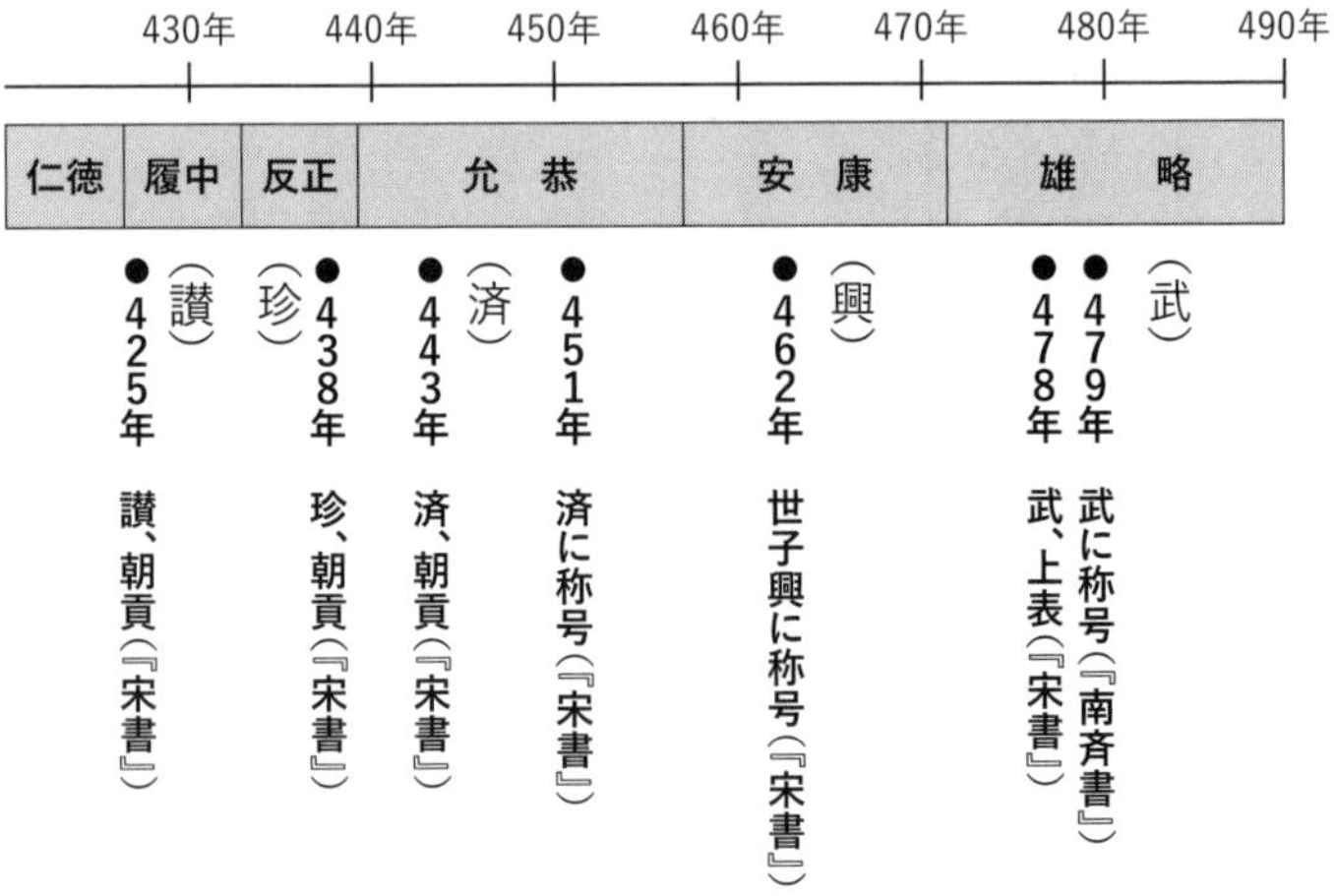

しかしこの頃のヤマト王権は、前述のように権勢の凋落《ちょうらく》が顕在化しており、宋にとって、魅力的な近隣王権とは思えなかったに違いない。そのため宋からは、結局、朝鮮半島の諸国より良い称号は貰えなかった。そして遂に雄略天皇とされる倭王「武」の時、宋との国交は断絶された。

『古事記』『日本書紀』に宋との交渉の記述がないのは、この交渉がヤマト王権にとって屈辱的だったためとされている。また『古事記』の編纂者にとっては、政権の劣化や爛熟化を示す事件の方がこの時代の歴史として記述すべき出来事として、重要で、いたずらに無益な朝貢を繰り返した愚かな外交は、記述するに値しないと思ったのではないだろうか。

61　何故、『古事記』は、武烈天皇以降の記述を止めたのか？

『古事記』は、第二十五代武烈天皇から第三十三代推古天皇までについては、簡単な系譜のみを記すだけで、歴史を語ることを止めた。何故だろう。

第四十代天武天皇が命じた『古事記』の編纂は、和銅《わどう》五年（七一二）に完成し、第四十三代元《げん》明《めい》天皇に献上された。元明天皇の頃、ヤマト王権における最強の権力者は藤原氏であった。元明天皇は第三十八代天智天皇の皇女で、第四十一代持統《じとう》天皇の異母妹である。同じく天武天皇が命じた『日本書紀』が完成した養老四年（七二〇）の頃も、藤原氏が最強の権力者であった。そのため『古事記』も『日本書紀』も当時の権力者、藤原氏の意向に沿って忖度《そんたく》され、事実が歪められ編纂されたことが容易に推察できる。そしてそれは「真実の歴史を書に残したい」という天武天皇の思いとは、随分異なっていたに違いない。しかし『日本書紀』はしっかり持統天皇までの歴史を編纂しているのに、何故、『古事記』は武烈天皇以降の歴史を、記すことすら止めてしまったのだろう。

それは政権による正史として編纂された『日本書紀』に対し、歴史物語として編纂された『古事記』では、編者個人の裁量《さいりょう》の余地が比較的大きかったからではないかと思われる。おそらく武烈天皇以降の歴史には、当時の権力者、藤原氏にとって不都合な事実があったに違いない。その事実を、『日本書紀』は権力者の意向に沿って歪めて記述したが、おそらく『古事記』の編者は、それを拒否したのではないだろうか。

では、藤原氏にとって不都合な事実とは何だったのだろう。

おそらくそれは藤原氏以前の権力者だった蘇我氏の姿だったのに違いない。『日本書紀』によれば、蘇我氏は横暴極まりない大逆臣だったため、天智天皇（中大兄皇子《なかのおおえのみこ》）や中臣（藤原）鎌足により成敗されたとされている。だがこれは、蘇我氏を悪者としたい権力者、藤原氏の意向であって、実は蘇我氏の本当の姿は全く違っていたのではないだろうか。

つまり『日本書紀』は、藤原氏の意向に沿って、天智天皇や中臣鎌足のクーデターを正当化するため、蘇我氏を横暴極まりない逆賊であると記述したのだと推測される。しかし、おそらく当時の多くの人々は蘇我氏を、天智天皇や中臣鎌足とは、全く違った目で見ていたのではないだろうか。

蘇我氏の台頭は、武烈天皇以降に始まったと思われる。後述するようにおそらく継体天皇の擁立にも、蘇我氏が大きく貢献したのであろう。聖徳太子による官僚機構の改革にも、当時の政権における最大の実力者なのだから、大いに貢献した筈である。そうだとすれば蘇我氏は、ヤマト王権の権勢復活に貢献した大功労者ということになる。

『古事記』の編者は、冷徹な歴史の語り部として、本当はそのような蘇我氏の輝かしい功績と、その後の無残な滅亡の歴史を記したかったのではないだろうか。そしてそれができなかったので、武烈天皇以降の記述を止めたのに違いない。

『日本書紀』概要❶「継体天皇の即位と治世」

第二十四代仁賢天皇の崩御後、その御子が第二十五代武烈天皇として即位した。武烈天皇は大伴金村《おおとものかねむら》の助けを得て、武内宿禰系の有力氏族である平群氏を滅ぼした。その後、武烈天皇が十八歳で崩御したとき、直系の皇位継承者がいなかった。そのため大伴金村が後継者探しに奔走した結果、応神天皇の五世の子孫である越前の有力豪族が、第二十六代継体天皇として樟葉宮《くすはのみや》（枚方市）で即位した。そして仁賢天皇の娘、手白香皇女《タシラカノヒメミコ》を皇后に迎えた。樟葉での即位後、継体天皇は山城の筒城《つつき》、山城の乙訓《おとくに》と遷宮を繰り返し、即位後二十年を経て、ようやく大和の磐余に宮を置いた。

継体天皇の頃、朝鮮半島情勢は益々逼迫《ひっぱく》の度合いを深めていた。新羅に圧迫され南下を図る百済は、ヤマト王権に、朝鮮半島の拠点である任那《みまな》四県の割譲を求めてきた。大伴金村は、百済との友好関係を重視して、これを認めた。

すると新羅も任那に干渉を強めてきた。それを排除するため、継体天皇は近江の毛野臣《けなのおみ》に大軍をつけ、任那に向かわせた。しかし新羅との交易で権益を有していた筑紫の磐井《いわい》が反乱を起こし、これを妨害した。そのため大伴金村は、更に大連《おおむらじ》の物部氏らを派遣し、なんとかその鎮圧に成功した。

「磐井の乱」の三年後、継体天皇が崩御し、継体天皇と尾張氏の娘との間に生まれた御子達が、相次いで第二十七代安閑《あんかん》天皇、第二十八代宣化《せんか》天皇として即位した。そして、それぞれが在位二年、在位四年と短期間で崩御した後、継体天皇と手白香皇后との間に生まれた御子が、第二十九代欽明《きんめい》天皇として即位した。

欽明天皇の即位後、大伴金村が、継体天皇の在位中に百済に任那四県の割譲を認めたことを咎《とが》められ、失脚した。そして蘇我稲目《そがのいなめ》率いる蘇我氏が、外戚としてヤマト王権の権力を握る事になった。

62　何故、大伴金村は、継体天皇に皇位継承を依頼したのか？

継体天皇の皇位継承で中心的な役割を果たした大伴金村は、ヤマト王権の祭祀を担う有力氏族

図11-3　継体天皇の系図

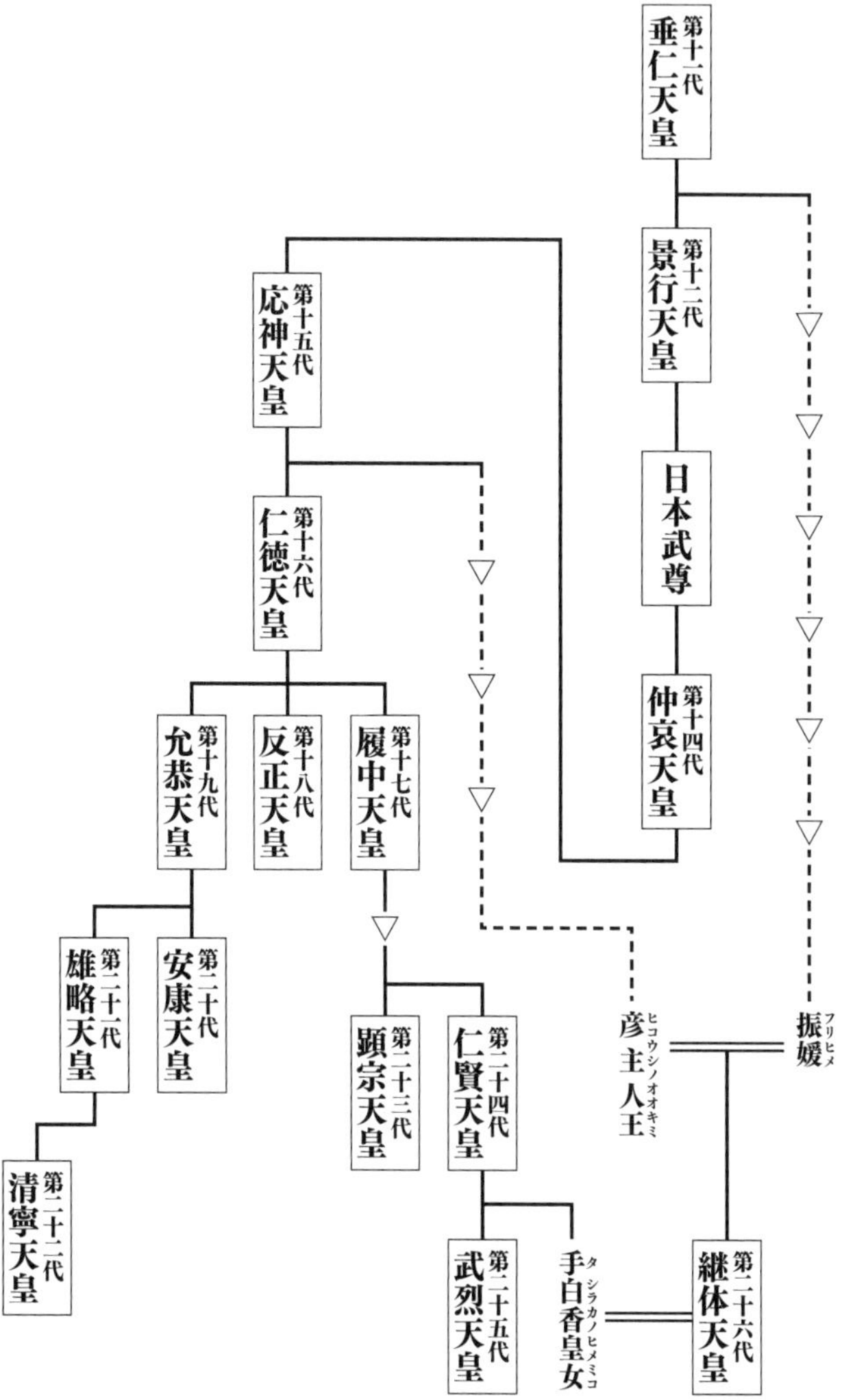

図11-4　6世紀頃のヤマト王朝の豪族

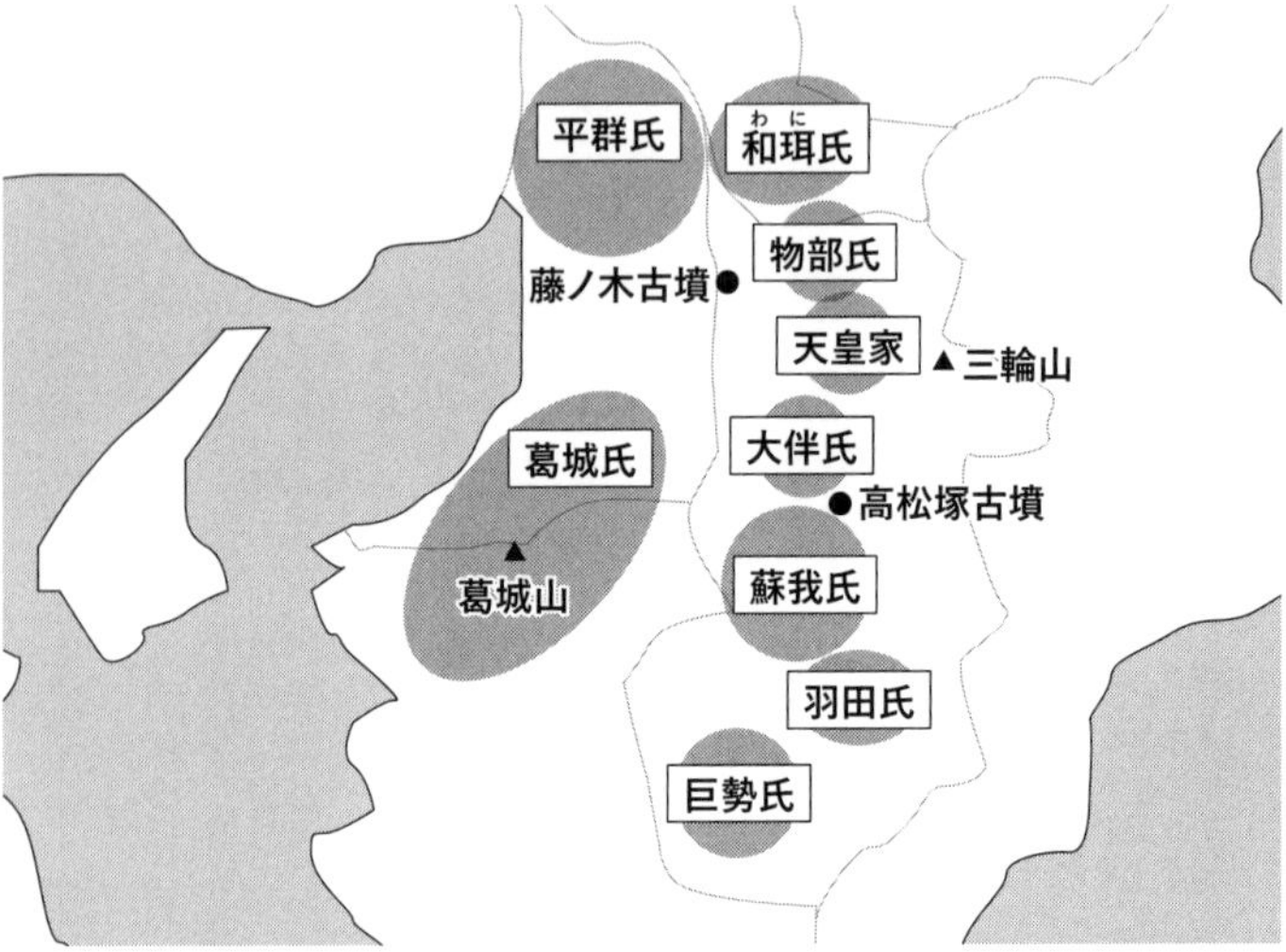

大伴氏の長である。平群氏討伐の功で、武烈天皇により大連に任命された。武烈天皇の崩御後、皇位継承問題が起きた時、大伴金村は何故皇位継承を、天皇の血筋から遠く、しかも越前の豪族にすぎない継体天皇に依頼したのだろう。

それは大伴金村がヤマト王権の実態をよく知っていたため、ヤマト王権の建て直しは王朝内の人材では無理で、畿内以外の地方豪族の血（しかも王家の血筋）を入れるべきと判断したからではないだろうか。

当時は朝鮮半島や大陸の情勢が緊迫しており、ヤマト王権のトップには、特に朝鮮半島や大陸の情報に詳しく、強い経済的基盤を有する人材が必須であった。そしてそのような人材は、畿内では見つけられなかったのだろう。そのため畿内以外の地方豪族の中から、有能な人材を探す必要があったに違いない。ヤマト王権内で渡来系人脈に強く、朝鮮半島情勢にも詳しかったのは蘇我氏である。そのため大伴金村は、必然的に蘇我氏に頼らざるを得なかったと思われる。

蘇我氏は武内宿禰を祖とする氏族で、河内（大阪）を本拠地としていたが、六世紀後半には大和の高市に勢力を拡大した。渡来系氏族との交流が深く、先端技術に詳しかったとされる。また朝鮮半島との交易を通じ、高志や尾張とも親密な交流ネットワークを有していた。

継体天皇は越前の豪族で、日本海ルートを使った交易で繁栄し、近江や尾張とも交流が深く、蘇我氏とも親しい関係にあったと思われる。大伴金村は、蘇我氏を介して継体天皇を知ったに違いない。とすれば継体天皇の皇位継承は、蘇我氏の功績も大きかった筈である。

『日本書紀』は、武烈天皇が極悪非道で悪劣な天皇であったと記している。それは優れた継体天皇を探し出し、皇位継承を成功させた大伴金村の功績を特に強調するためであるとの説がある。しかしそれは、大伴金村の功績を強調しようとしただけではなく、皇位継承における蘇我氏の功績を矮小化するためでもあったのではないだろうか。

図11-5　継体天皇の遷宮

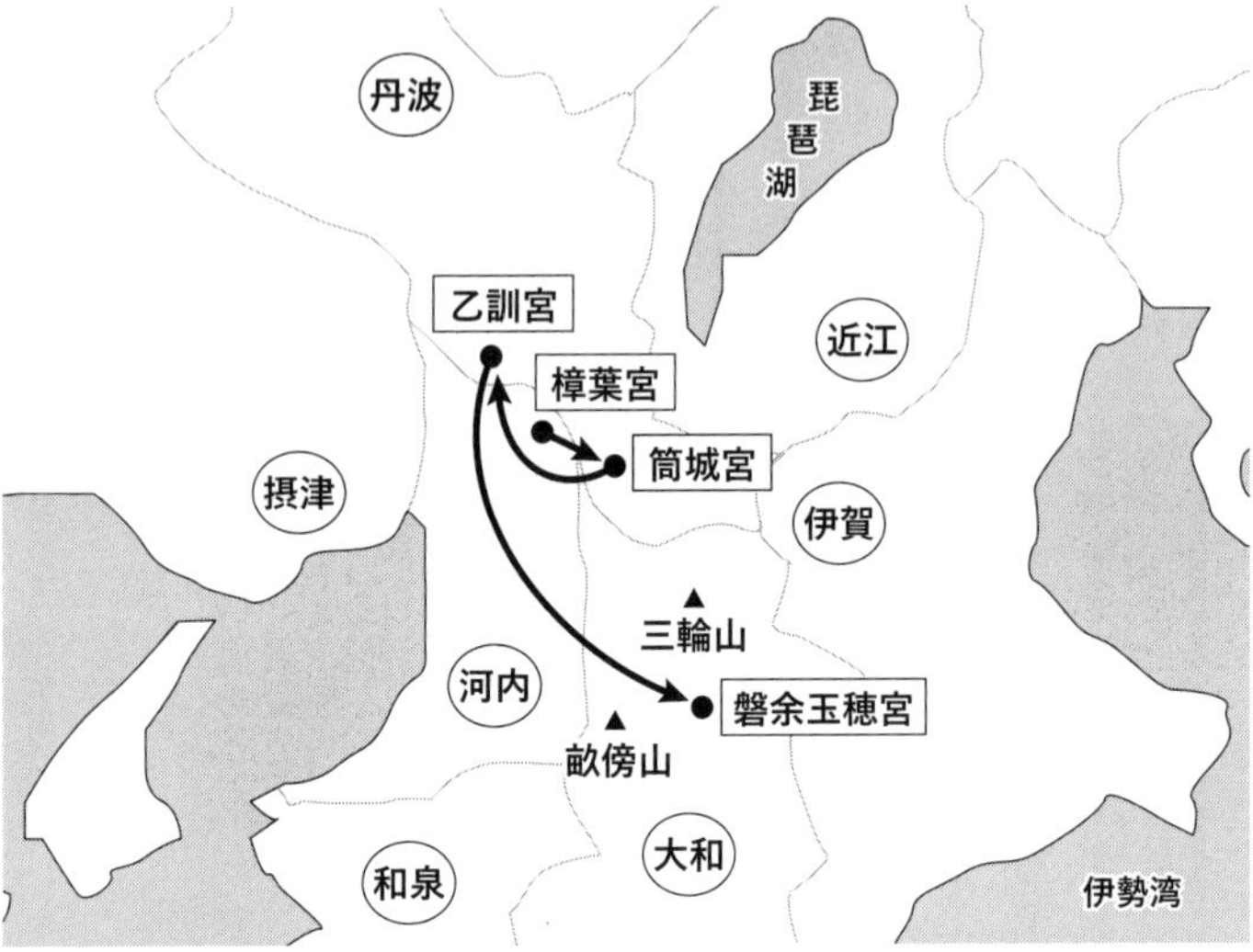

63　何故、継体天皇は、即位後、直ちに大和に入らなかったのか？

継体天皇は即位後、樟葉、筒城、乙訓と、いずれも大和ではない木津川や桂川等、淀川近くの場所に皇宮を設けている。これらの地はいずれも、継体天皇の経済基盤である北陸や尾張との交易拠点であった。継体天皇は即位後、何故直ちに大和に入らなかったのだろう。

おそらく継体天皇は、馴染みのない大和で王権を振るうより、自らの経済基盤の近くで王権を振るう方が良いと判断したのであろう。また大和のヤマト王権を、権力闘争に明け暮れる堕落した魑魅魍魎《ちみもうりょう》の世界と考えていたのかもしれない。そのため大和にいきなり飛び込むリスクを避け、むしろ大和の外から、誰が信頼に足る人物かを十分に見定めた上で、大和に入ろうとしたのではないだろうか。

継体天皇を支えたのは、大伴金村の大伴氏と物部氏とされる。しかし蘇我稲目の蘇我氏も、継体天皇から大きな信頼を得ていた筈である。おそらく継体天皇が大和に入る頃には、蘇我氏の権勢はかなり大きくなっていたのではないだろうか。

64　何故、継体天皇は、中央集権による国家運営を目指したのか？

継体天皇はヤマト王権の国家運営体制を、地域豪族国家の連合体という従来の緩やかな国家運営体制から、初めて王権強化による中央集権体制に変革しようとした天皇だったと思われる。では何故、継体天皇は、中央集権による国家運営を目指したのだろう。

継体天皇は朝鮮半島政策として、大伴金村に従い、従来と同様に、百済には親しく新羅には強硬な姿勢で対応した。しかし新羅の強大化に伴い、国内でも親新羅派の勢力が大きくなり、次第に親百済派と親新羅派の対立が激化していった。

特に北九州諸国は朝鮮半島に近く、元々親新羅派が多かったと思われる。しかも現場を知らないヤマト王権による、百済一辺倒の稚拙な朝鮮半島政策により、兵役負担は増大したにもかかわらず交易収支は悪化していったため、北九州諸国のヤマト王権への不満は、かなり膨れ上がっていたのではないだろうか。筑紫の有力豪族である「磐井による反乱」は、そのような状況の中で勃発したと思われる。反乱はかなりの規模に発展し、ヤマト王権はその鎮圧のため、更に大軍を派遣せねばならなかった。

朝鮮半島への出兵や「磐井の反乱」の鎮圧に大軍派遣が必要になったことは、ヤマト王権として、従来の諸国連合体的な国家運営から、国権発動による大規模動員が容易な中央集権体制への変革が、必須であることを痛感する出来事だった。継体天皇が磐井の反乱の後、王権を強化し中央集権による国家運営を進めようとしたのは、そのためと思われる。

中央集権の強化には、中央集権体制の先進国である中国大陸の国家運営の仕組みを学ぶ必要がある。蘇我氏がヤマト王権内で重用され、権力を拡大していったのは、そのような中国大陸情報に詳しかったためと思われる。また蘇我氏は新羅とも親しく、新羅との関係改善を図る上でも、重要な役割を果たしたに違いない。そして宣化天皇のとき、遂に蘇我稲目は大臣に昇進する。

継体天皇の後、安閑天皇、宣化天皇、欽明天皇等の即位年があいまいなことから、安閑・宣化天皇は、欽明天皇と在位を争って、並存していたのではないかとの説がある。しかしむしろ安閑・宣化天皇は、ヤマト王権の王権を繋ごうとした継体天皇の意思を継いで、ヤマト王権の正統な血筋の欽明天皇の成長を見守りながら政権運営をしていたように思える。継体王朝を、ヤマト王権外の豪族による王権の簒奪《さんだつ》だとする説もあるが、その意図は継体天皇達にはなかったに違いない。むしろヤマト王権の血筋を強化して欽明天皇に繋ぎ、中央集権体制を強化するという使命に徹していたように思われる。

XII章　大化の改新と壬申の乱の謎を解く

大化の改新とは、王権の権力を占有し極悪人とされる蘇我氏を暗殺した中大兄皇子《なかのおおえのみこ》と中臣鎌足によりなされた、律令国家の始まりとされる改革である。しかし本当に蘇我氏は極悪人だったのだろうか。またその後、壬申の乱で勝利した第四十代天武天皇は、何故、新しい王朝の創設を望んだのだろう。さらに壬申の乱で敗れた天智派の中臣（藤原）氏が、その後、何故絶大な権力を握ることができたのだろうか。本章ではこれらの謎に迫る。

『日本書紀』概要❷「蘇我氏と聖徳太子の改革」

欽明天皇十三年（五五二）、百済聖明王《せいめいおう》により仏教が伝えられた。ヤマト王権では、新興勢力の蘇我稲目は仏教受け入れ派、古くからヤマト王権の祭祀や軍事を司る名門氏族である大連の物部尾輿《もののべのおこし》は反仏教派として対立した。二大勢力の対立は、欽明天皇の崩御後、第三十代敏達《びだつ》天皇が即位した後も続いた。

蘇我氏と物部氏の対立は、敏達天皇の崩御後、蘇我系で仏教受け入れ派の第三十一代用明《ようめい》天皇が即位し、蘇我馬子《うまこ》、物部守屋《もりや》の代になると更に激化した。そして用明天皇崩御の後、遂に物部守屋と蘇我馬子の対立は軍事衝突に至り、馬子が勝利した。絶対的な権力を握った蘇我馬子は、姪で敏達天皇の皇后だった炊屋姫《かしきやひめ》と計り、蘇我系の第三十二代崇峻《すしゅん》天皇を擁立する。

しかし崇峻天皇が反抗的だったため暗殺してしまい、その代わりに炊屋姫を、初めての女帝である第三十三代推古天皇として即位させた。推古天皇は甥の厩戸皇子《うまやどのみこ》（聖徳太子）を皇太子とし、摂政として政治を任せた。

聖徳太子は推古十一年（六〇三）、ヤマト王権の官僚制度を改革し、個人の能力に応じて登用する「冠位十二階制度」を導入した。また推古十二年（六〇四）に官僚の心得を記した「十七条憲法」を定めた。推古十五年（六〇七）には、小野妹子《おののいもこ》を遣隋使として隋に遣わした。

65 何故、蘇我氏の権勢が強大になったのか？

欽明天皇以降、ヤマト王権における蘇我氏の権力の強大化が顕著になる。それは何故だろう。継体王朝にとっての最重要課題は、中央集権による王権の強化であり、そのためには有能な官僚組織の創設が必須であった。しかし継体王朝の中枢であった大伴金村の大伴氏や物部尾輿の物部氏は、どちらも祭祀や軍事が担当であり、中央集権体制の構築に必要な、中国大陸の先進的な情報や知識には疎《うと》かったに違いない。そしてヤマト王権でそれ等に詳しい氏族は、おそらく渡来人を統括する蘇我氏だけだったと思われる。そのため特に欽明天皇以降、蘇我氏は急速に政権内での存在感を高めていったのであろう。そして滅亡した葛城氏や平群氏等の地盤を、同じ武内宿禰系の氏族として継承し、一層強大な権勢を有するようになったのではないだろうか。

蘇我氏は以前から、大陸や朝鮮半島における仏教の影響力を熟知していたと思われる。そのため仏教を武器に、ヤマト王権を強力な中央集権国家に改革しようと、考えていたのではないだろうか。当然、改革を好まない守旧派の大伴氏や物部氏との対立は、激化せざるを得なかったに違いない。

ただ当時の社会情勢は激変しており、その変化に対応するためヤマト王権の大胆な改革は待っ

図12-1　蘇我氏の系図

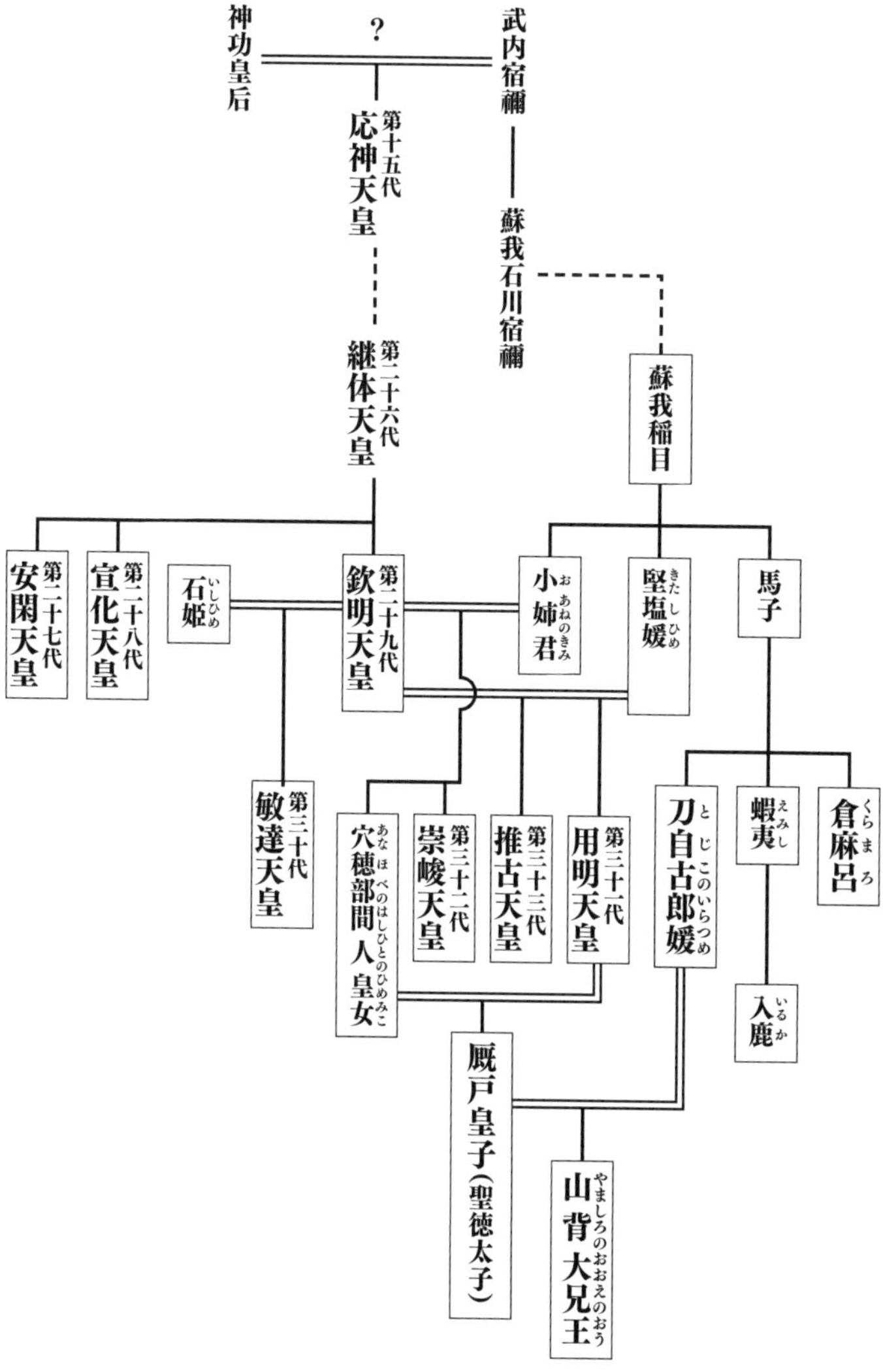
神功皇后
?
武内宿禰
第十五代 応神天皇
蘇我石川宿禰
第二十六代 継体天皇
蘇我稲目
第二十七代 安閑天皇
第二十八代 宣化天皇
石姫《いしひめ》
第二十九代 欽明天皇
小姉君《おあねのきみ》
堅塩媛《きたしひめ》
馬子
第三十代 敏達天皇
穴穂部間人皇女《あなほべのはしひとのひめみこ》
第三十二代 崇峻天皇
第三十三代 推古天皇
第三十一代 用明天皇
刀自古郎媛《とじこのいらつめ》
蝦夷《えみし》
倉麻呂《くらまろ》
入鹿《いるか》
厩戸皇子(聖徳太子)
山背大兄王《やましろのおおえのおう》

たなしの状況だったと思われる。そのため蘇我氏は、まず反仏教派の有力氏族である大伴金村を失脚させ、次いで物部氏を滅ぼす事に成功する。そして聖徳太子をヤマト王権改革のリーダーに据え、大胆に様々な改革を断行していったに違いない。聖徳太子が行った冠位十二階制度や十七条憲法の制定は、中央集権国家運営の要《かなめ》となる官僚制度構築のために必須の改革であった。また聖徳太子は遣隋使を派遣し、従来の卑屈な外交とは違った、対等な立場での中国大陸との交流を積極的に推進し、大陸の先進文化の導入に努めた。蘇我氏を極悪人とする『日本書紀』は何も記さないが、蘇我氏の本当の姿は、そのような聖徳太子の様々な改革を、政権における実力者として、強力に支えた有能な改革者だったのではないだろうか。

66　何故、聖徳太子は、神格化されたのか？

聖徳太子が極めて有能であったことは間違いない。しかし一度に一〇人の訴えを聞き分け、的確に回答できた等と、『日本書紀』の記述は、聖徳太子をあまりに神格化し過ぎているように思われる。また太子が厩《うまや》で生まれたという話も、キリスト教におけるイエスキリストの誕生神話と酷似している。神格化のための創作ではないだろうか。何故、そこまでして『日本書紀』は、聖徳太子の優秀さを強調しようとしたのだろう。

おそらくそれは、聖徳太子が行った諸々の改革が、聖徳太子一人の功績であると強調するためではないだろうか。聖徳太子の諸改革は、ヤマト王権の王権強化に必須の改革であったが、ヤマト王権の有力者である蘇我氏との共同作業でなければ、とても実現出来なかったに違いない。しかし藤原氏の意向に沿って編纂された『日本書紀』では、蘇我氏の功績を無視するため、ことさら聖徳太子の有能さを強調しようとしたのではないだろうか。

後に聖徳太子の御子の山背大兄王が蘇我入鹿に殺されたことで、聖徳太子一族は悲劇の一族となったが、その悲劇性を一層高め聖徳太子を神格化することが、蘇我氏を逆賊として貶《おとし》める上で、より効果的と判断したからだと思う。

『日本書紀』概要❸「大化の改新」

第三十三代推古天皇の崩御後、蘇我馬子の子の蘇我蝦夷は、聖徳太子の御子の山背大兄皇子と対立し、蝦夷に従順な田村皇子を第三十四代舒明《じょめい》天皇として即位させた。舒明天皇が崩御すると、山背大兄王を嫌う蘇我蝦夷とその子の入鹿は、皇統からは遠いにも拘わらず、蘇我氏に従順な舒明天皇の皇后を第三十五代皇極《こうぎょく》天皇として即位させた。その後も蘇我入鹿は、山背大兄王との対立を深め、遂にその一族を殺害してしまう。蘇我氏の専横は目に余った。

そのため中臣鎌足は、蘇我氏の専横を除こうと、皇極天皇の長男の中大兄皇子を盟主として策動する。中臣氏は物部氏と同様に、古くからヤマト王権で祭祀を司る氏族である。中臣鎌足と中大兄皇子は機会を窺い、遂に皇極四年（六四五）、朝廷内で入鹿を暗殺し、次いで蝦夷も討伐した。「乙巳《いっし》の変」である。皇極天皇はこの事件に驚愕《きょうがく》して皇位を放棄してしまい、その弟が第三十六代孝徳《こうとく》天皇として即位することになった。

孝徳天皇は難波に宮を移し、「改新の詔《みことのり》」を発布して、私有地や私有民を認めない公地公民制への移行を宣言した。中央集権国家と律令制への移行を目指す「大化の改新」である。そして、即位後九年目に孝徳天皇が崩御すると、皇極天皇が重祚《ちょうそ》し、第三十七代斉明《さいめい》天皇となった。

斉明六年（六六〇）、百済が唐と新羅連合軍により侵攻され、危機に陥った。斉明天皇は親交のあった百済を救おうとするが、その途中で崩御してしまう。そのため急遽《きゅうきょ》、中大兄皇子が第三十八代天智天皇として即位することになった。そして、天智二年（六六三）、百済支援のために大軍を派遣する。しかし唐・新羅連合軍に白村江《はくそんこう》で大敗してしまう。天智天皇は唐・新羅の日本侵攻を恐れ、九州の大宰府《だざいふ》に水城《みずき》を、瀬戸内海沿いには山城を築いた。更に近江への遷都も行った。

67　中臣鎌足と中大兄皇子のクーデターの本当の目的は何だったのか？

中大兄皇子と中臣鎌足による蘇我氏討伐のクーデターの本当の目的は何だったのだろう。『日本書紀』は、それを蘇我氏の専横を除くためとする。そして蘇我氏専横の事例として、舒明天皇崩御後に、蘇我氏に従順だった皇極天皇を即位させたことを挙げる。しかし皇極天皇は中大兄皇子の母で、むしろ中大兄皇子に近い存在であり、蘇我氏討伐の理由としては弱いのではないだろうか。

蘇我氏討伐の決定的な理由となったのは、やはり蘇我入鹿による山背大兄王一族の殺害であろう。山背大兄王は、蘇我氏と親密だった聖徳太子の嫡子であり、元々は蘇我氏と同じヤマト王権改革派の仲間だったはずである。それなのに何故、山背大兄王と、蘇我蝦夷、入鹿親子の関係が悪化してしまったのだろう。確かに代を重ねるにつれ、蘇我氏は強大な権力に驕《おご》り、政治能力も劣化していったのかもしれない。だがいかに感情的に合わないとしても、同じ改革派だった仲間を、何故、殺害までしてしまったのだろう。

図12-2　天智天皇、天武天皇の系図

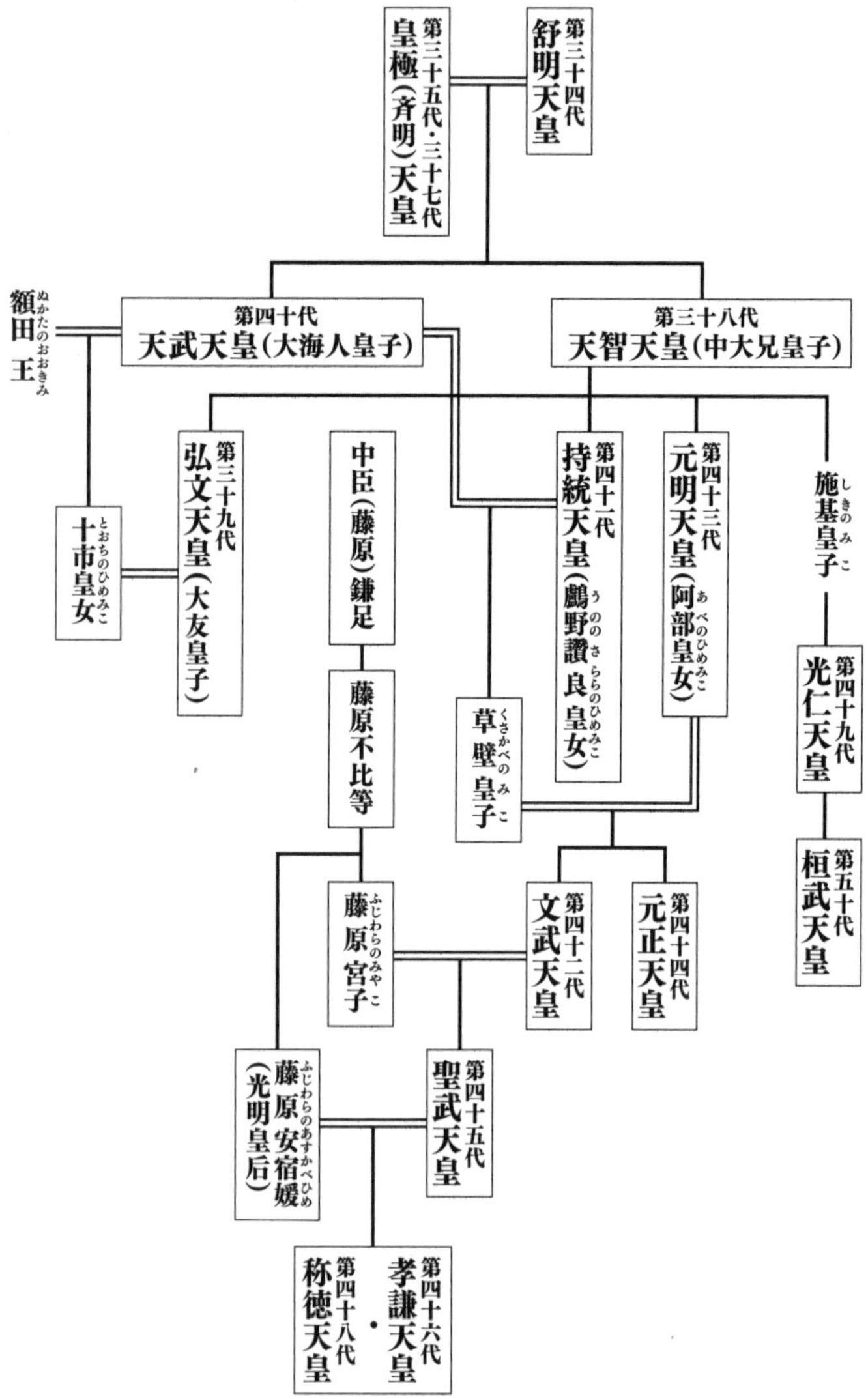

中臣鎌足は蘇我入鹿と並び称された、中臣氏の俊英とされる。中臣氏は大伴氏や物部氏と同じく、ヤマト王権の祭事を司る守旧派の有力氏族である。ヤマト王権の初期（神武～崇神）に、常陸から大和に来て臣下になったとされる。ヤマトタケルの東国征伐でも貢献した。そのため、元々武内宿禰系の蘇我氏とは疎遠だったのだろう。おそらく中臣鎌足は、かねてから大伴氏・物部氏の没落と蘇我氏の強引な政権運営を、苦々しく思っていたと思われる。

その蘇我氏による政権運営体制を廃絶しようとした鎌足は、まず蘇我氏等の改革派の内部分裂を狙い、謀略《ぼうりゃく》により、蘇我氏と聖徳太子の子である山背大兄王の関係悪化を画策したのではないだろうか。そのため皇極天皇の御子の中大兄皇子に近づき共謀して、讒言《ざんげん》などの巧みな工作により、山背大兄王と蘇我氏との関係悪化を企んだのではないかと思われる。中大兄皇子にとっても山背大兄王は、母親である皇極天皇の政敵であり、その失脚を願う思いは蘇我氏と同じだったのだろう。そして権勢絶大な氏族の御曹司として育ち、世間知らずの蘇我入鹿は、まんまとこの謀略に乗せられ、感情に任せて山背大兄王を殺害してしまったのではないだろうか。そしてそれが決定的な蘇我氏横暴の根拠となったと思われる。

つまり『日本書紀』では、中大兄皇子と中臣鎌足のクーデターを、蘇我氏の専横を除く正義の戦いだとするが、実は中臣鎌足等守旧派による、蘇我氏等改革派からの権力奪取が、本来の目的だったに違いない。

68 何故、天智天皇は、白村江での大敗後、唐・新羅の侵攻を極度に恐れたのか?

白村江での大敗は天智天皇にとって、勿論、大変大きなショックだったに違いない。しかし、それにしても水城や山城の構築、近江への遷都等、その反応はいささか過剰に思われる。何故、天智天皇は極度に唐・新羅の侵略を恐れたのだろう。

中大兄皇子が、蘇我氏の暗殺後すぐに即位しなかったのは、中大兄皇子がまだ十九歳と若かったからだろう。またそれに加えて、蘇我氏の暗殺が、逆臣を天皇の側から除くためであり、権力奪取が目的ではないと地方の豪族達に主張するためでもあったのではないだろうか。何故なら高志や尾張等の地方豪族は、元々蘇我氏とは親しく、そのため中大兄皇子は彼等の反感を恐れていたのではないかと思われる。

特に「大化の改新」後、ヤマト王権の外交政策は、蘇我氏や聖徳太子等の改革派が採った「百済と共に新羅との友好も重視する」という方針から、それ以前の、大伴金村等守旧派の「百済との友好だけを重視する」という方針に戻った。そしてその結果、白村江で大敗し、百済は滅亡してしまい、地方豪族の多くは、朝鮮半島との交易による権益を失ってしまった。そのため蘇我氏と親しかった地方豪族達の天智天皇に対する反感は、一挙に膨れ上がったと思われる。天智天皇が、極度に唐・新羅の侵攻を恐れ、各地に多くの砦を築いたのは、地方の諸豪族が、唐・新羅の侵攻に呼応して、反乱することを恐れたからではないだろうか。

　何故なら、その後朝鮮半島で、唐と新羅が領有権を巡って争いを始め、結局、唐が撤退し新羅が朝鮮半島を統一すると、天智天皇は従来の外交方針を一八〇度転換し、とだえていた遣唐使を派遣するなど、急速に唐や新羅との関係の正常化を図ったのである。また同時に律令制の創設や、中央集権体制の強化にも努めた。結局、以前の蘇我氏や聖徳太子等改革派の方針に戻したのである。天智天皇のこの方針変更を実行した中心人物は、中臣鎌足であったと思われる。中臣鎌足は、その貢献度から死に際し、天智天皇から藤原の姓を命名され、後に皇室の外戚として絶大な権勢を振るう藤原氏の祖となった。また中臣の姓は、天智天皇の命で、祭祀担当の氏族として残されることになった。

『日本書紀』概要❹「壬申《じんしん》の乱とその後」

天智天皇の崩御後、天智天皇の御子の大友皇子《おおとものみこ》が第三十九代弘文《こうぶん》天皇として即位する。しかし天智天皇の兄弟である大海人皇子《おおあまのみこ》が、皇位を奪おうとして、「壬申の乱」（天武元年＝六七二）を起こした。大海人皇子は、美濃、尾張等の東海や中部の地方豪族を味方にし、大友皇子の軍勢を圧倒して勝利を得、飛鳥浄御原宮《あすかきよみはらのみや》で第四十代天武天皇として即位した。

天武天皇は自らを、新しい王統の創始者と位置づけ、大臣を任命せず、全ての権力を自らに集中させ、直接、政務を見た。そして「八色《やくさ》の姓《かばね》」を制定し氏姓制度を再編すると共に、公地公民化や官僚制度を強化して、一層の中央集権強化を進めた。また中国の都城に習った本格的な都である藤原京の建設を始め、『古事記』『日本書紀』の編纂を命じた。ただし完成したのはその死後である。

天武天皇の崩御後、天智天皇の娘で天武天皇の皇后である鸕野讃良皇女《うののささらのひめみこ》が、第四十一代持《じ》統《とう》天皇として即位した。持統天皇は天武天皇の諸政策を継続した。そして持統八年（六九四）に藤原京が完成する。藤原京に遷都した持統天皇は、孫の第四十二代文武《もんむ》天皇に譲位した。譲位後も持統天皇（上皇）は、大宝律令《たいほうりつりょう》を制定し、律令制度による政治の仕組みを整える等、政権に君臨した。

69 天武天皇は、何故、『古事記』と『日本書紀』の編纂を命じたのか？

「壬申の乱」は、おそらく第三十八代天智天皇の崩御をきっかけに、蘇我氏と親しかった尾張等

図12-3　壬申の乱での大海人皇子の行路

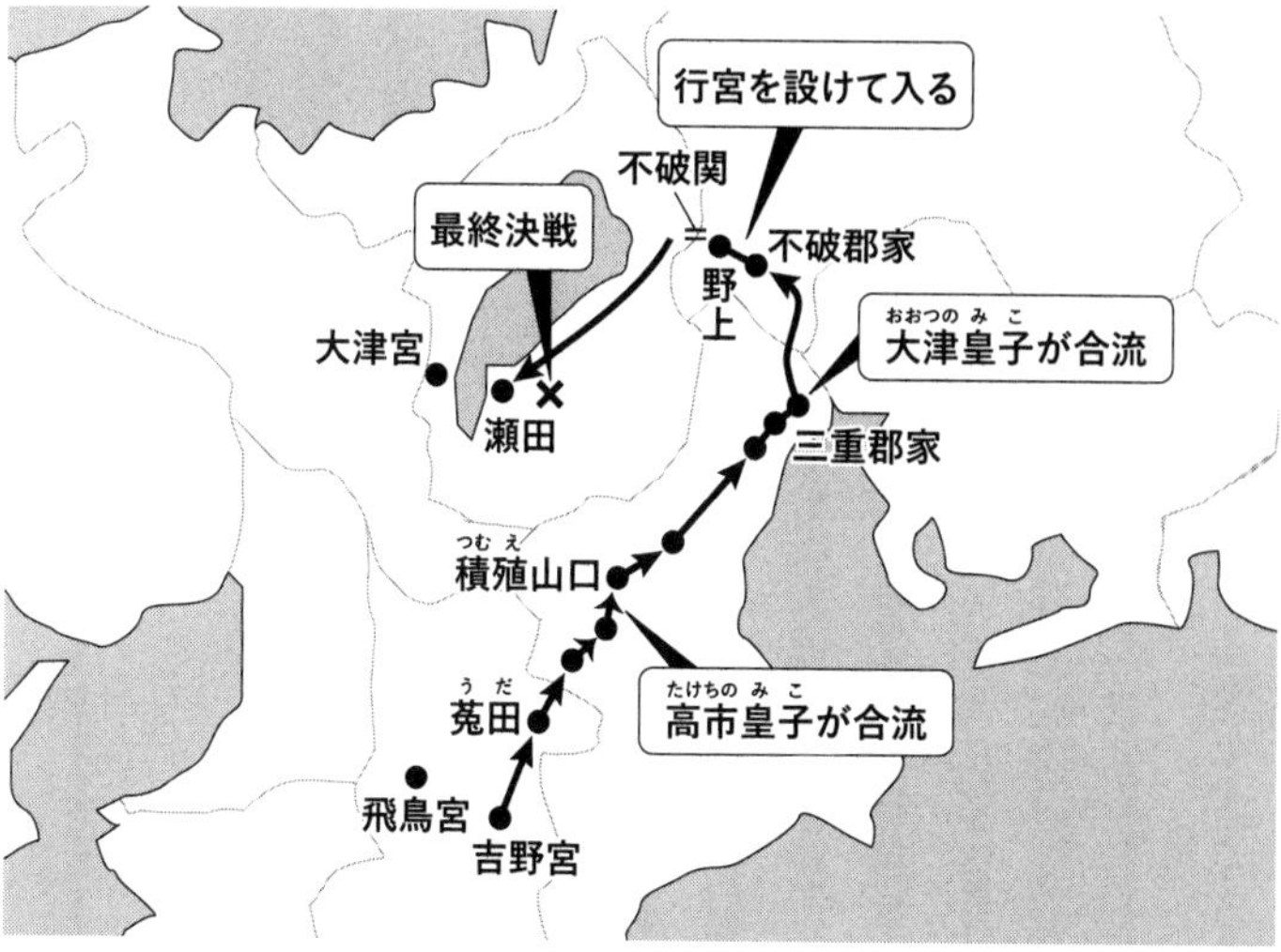

の地方豪族達が、第四十代天武天皇を擁し、権力の奪回を目指した戦いだったと思われる。

そのため、戦いに勝利した天武天皇は、天智天皇の政治体制を全面的に否定したのだろう。全ての権力を自らに集中させ直接統治したのは、天智天皇の治世を側で見ていて、ヤマト王権には信頼できる人材がいないと判断したからに違いない。また当時ヤマト王権には、畿内以外の地方人材を登用する仕組みが無かったため、地方豪族からの人材抜擢も考えなかった。しかしその結果として、天武天皇は自らの強力なリーダーシップにより、ヤマト王権の権力を、かつてない程強化することに成功した。そして「天皇」を称号に、「日本」を国号とするなど、日本の統治機構の原型を創った天皇になった。

天武天皇は、自らが統治する新しい日本の誕生とその正当性を明確にするため、『古事記』『日本書紀』の編纂を命じたとされる。しかし、天武天皇が『古事記』『日本書紀』の編纂を命じたのは、本当にそれだけが理由だったのだろうか。

実はそれ以前に、おそらく同じ目的で、聖徳太子と蘇我氏により、ヤマト王権として『国記《こっき》』『天皇記』という「史書」が、編纂されていた。しかし蘇我氏が暗殺された「乙巳の変」で、全てが焼失したとされる。天武天皇はそれを、大変残念に思っていたに違いない。

また以前から、天智天皇の側にいた天武天皇は、山背大兄王の謀殺や蘇我氏の暗殺における不条理な真実を知っていた筈で、『国記』『天皇記』の編纂を進めていた蘇我氏に、哀れみや敬愛の情を抱いていたとしても不思議ではない。ひょっとしたら天武天皇は、中国の歴史書『史記』を残した司馬遷のように、自分の目で見た歴史の不条理な真実を、正しく後世に残したいと思ったのかもしれない。それが『古事記』や『日本書紀』の編纂を命じた本当の理由だったのではないだろうか。

70　何故、後に藤原氏が、絶大な権勢を握るようになったのか？

「壬申の乱」で敗れた天智派の藤原氏が復活できたのは、中臣鎌足の嫡子である藤原不比等《ふひと》の活躍による。しかし、何故、藤原氏が復活でき、しかも後に絶大な権勢を握ることになったのだろう。

藤原不比等が復活できたのは、おそらく天武派と天智派の関係修復を望んだ、第四十一代持統天皇の施策のおかげではないだろうか。藤原不比等は中臣鎌足の嫡子であるが、中臣鎌足の後の中臣氏を率いたのは、中臣金《かね》である。中臣金は壬申の乱で破れた時に処刑されたが、この時、藤原不比等はまだ幼かったため、難を逃れることができた。

持統天皇は、天武天皇の在位中も皇后として側にいて、天皇に様々な助言を行った女傑である。また即位後も、藤原宮の造営や戸籍作成による律令制の完成等、天武天皇の諸政策を引き継ぎ、完成させた。もっとも一人の大臣も任命せず親政を行った天武天皇とは異なり、持統天皇は即位すると大赦《たいしゃ》を行って、大規模な人事刷新を図った。そしてヤマト王権内の有能な人材を積極的に登用した。

それは第三十八代天智天皇の娘として、天武派と天智派の争いをなんとか修復したいとの思いがあったからではないだろうか。例えば天武八年（六七九）、天武天皇と皇后（持統天皇）は、天武天皇の子四人と天智天皇の子二人と共に吉野宮に赴《おもむ》き、六人を、父母を同じくする子のように遇するという誓いを立てた。持統天皇が、いかに天武派と天智派の関係修復を図ろうとしていた

図12-4　中臣（藤原）鎌足と藤原氏の系図

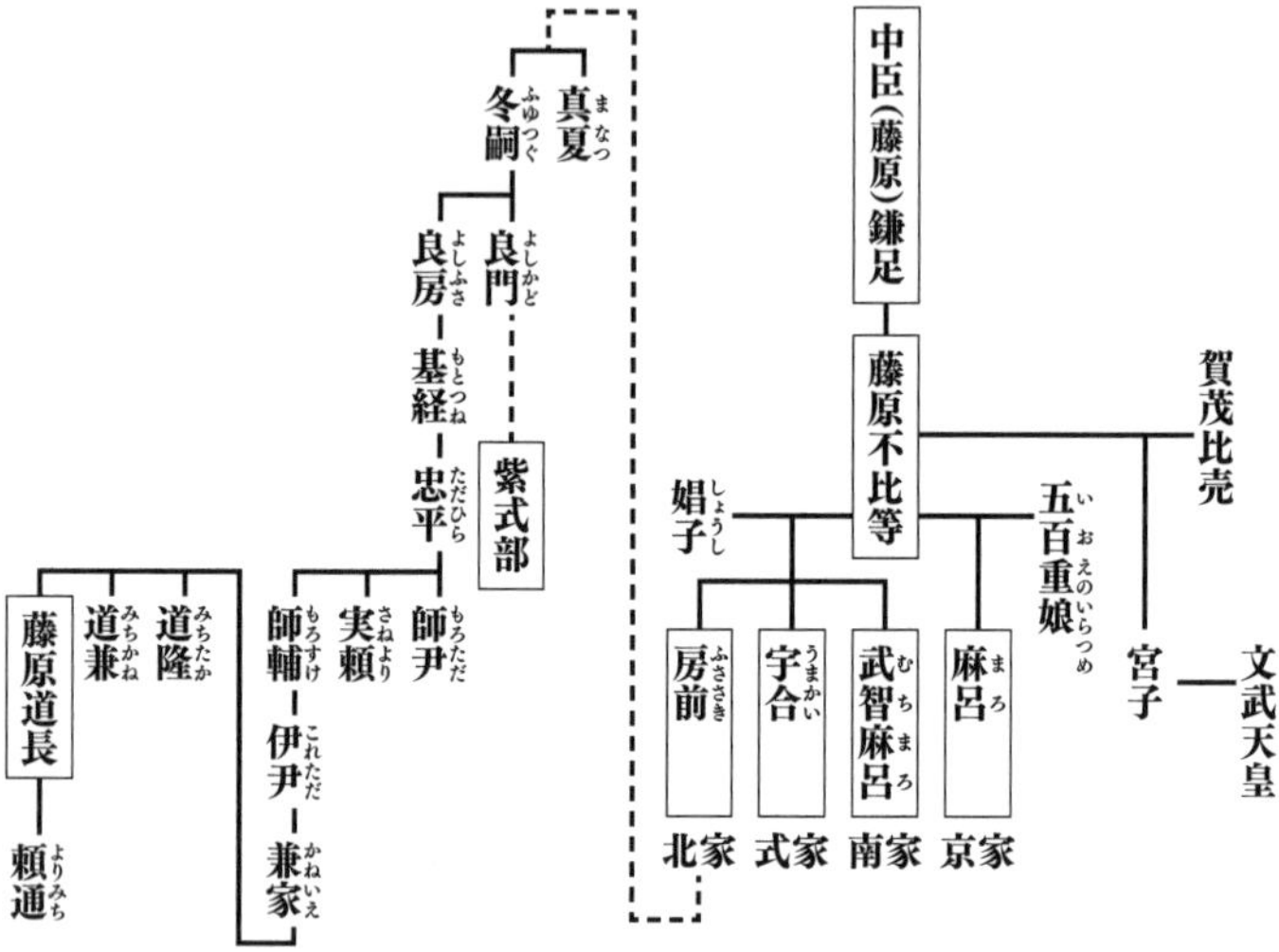

かが、よく分かる。

持統天皇は、第四十二代文武天皇に譲位後も権力に拘《こだわ》ったとされるが、それは大赦を行ったのと同様に、天武派と天智派の関係修復を見届けたいとの思いからだったのではないだろうか。そしてそれが、後に絶大な権勢を振るうことになる藤原不比等が台頭する原因になったと思われる。

藤原不比等は元々優秀な人材であったと考えられる。しかし特に父親が天智天皇の寵愛《ちょうあい》する腹心の中臣（藤原）鎌足であったため、天智天皇の娘である持統天皇の寵愛を受けることになったのだろう。そして持統天皇末期に、少壮官僚に登用されると、六九七年には不比等の娘宮《みや》子《こ》が文武天皇の夫人《ぶにん》となり、中央政界での台頭が始まる。そして『古事記』『日本書紀』が完成する頃には、藤原不比等は王朝内で絶大な権勢を誇っていた。その結果、真実の歴史を残そうとした天武天皇の思いとは異なり、『古事記』も『日本書紀』も、藤原氏の意向に沿った歴史書にならざるを得なかったと思われる。

その後も、藤原氏は栄華を極めた。後に藤原道長《みちなが》が、「この世をば　我が世とぞ思ふ　望月《もちづき》のかけたることも　なしと思へば」（この世は私のためにあるようなものだ。満月のように、何も足りないものはない）という歌を詠む程、巨大な権力を握るようになった。

おわりに

私の本職は技術者である。そのため『古事記』の謎について執筆していることや、それをブログに載せていることを友人に紹介すると、「一体いつ頃から『古事記』の謎に関心を持ったのか」と良く聞かれる。実は私自身もよく覚えてはいない。

読書は昔から趣味で、特に「歴史」と「ミステリー」は大好きなジャンルだった。小学生の頃からホームズやルパン等、国内外を問わず様々なミステリーを読み漁《あさ》った。これまで読んだミステリーは数えきれない。ミステリーマニアであると自負している。また「ミステリー」に劣らず「歴史」に関しても、様々な書物を手にとった。そしていつの頃からか、『古事記』の様々な謎が気に掛かるようになった。

謎を解き真実を探る物語がミステリーである。それは私の本職の技術者の仕事である研究開発と似ている。技術者の習性だと思うが、やがて気に掛かった『古事記』の様々な謎を解くため、ミステリーと同様に様々な事実を基に仮説をたて、その仮説により、他の不思議な事実も含めて、全ての謎が矛盾なく解けるかどうかを検証するのが、楽しみになった。そしてその仮説により様々な謎が解け、明らかになったとき、通説とは全く異なる歴史のリアルな姿が現れてくるのが、新鮮な驚きであり感動になった。

本書は、それ等の謎解きと驚きの結果をまとめたものである。つまり本書は『古事記』の様々な謎を解き、歴史の真実を探る古代史ミステリーである。名探偵が様々な事実を基に、思いもよらない解釈をして謎を解き、真実を明らかにするように、本書でも『古事記』の謎を解くため、事実を基にいくつかの従来にない画期的な仮説を立て、その仮説により、これまでの様々な謎が、矛盾なく論理的に説明できることを示した。その結果、従来の日本の古代史の通説とは随分と異なる、驚愕の「ヤマト王権創世記」が明らかになったと思う。

この謎解きの過程は、あたかも化石に固められた二次元の静止画像であったこれまでの歴史を、私達と同じ生身の人間が、息づき動き回る三次元動画像に焼き直す作業だったようにも思える。その結果、神話の中の神々や歴史上の英雄達ではなく、私達と同じ生身の人間が、苦しみ、喜び、怒り、泣き、夢を抱き、悲しみ、考え、陰謀を巡らし、働き、戦い、逃げ出し、躍動するように思えた。おそらく、我々人間は、昔からあまり進化していないのだろう。歴史を知れば、必ず正義が勝ち、悪が滅びる訳ではないことがよく分かる。しかし必ず正義が滅び、悪が栄える訳でもない。正義や悪とは関わりなく、歴史はそれが必然的な神の意志であるかのように、全てを飲み込み、大河のごとく流れていくのである。本書が、これまで謎に満ち霧に包まれていた古代日本の歴史を、大きく書き変える契機となることを期待すると共に、冷徹な歴史の重みを感じ、深い尊厳を抱く一助《いちじょ》となれば幸いである。

なお本書の執筆にあたり、私のスタッフである林さん・高橋さん・西河さん・長谷川さん・方さんに随分とご支援をいただいた。また、高校の同級生の川中さんからは、大変参考になる多くの書籍を寄贈いただくと共に、大きな激励《げきれい》をいただいた。彼女達がいなければ本書は出版できなかった。深く謝意を表したい。また忙しさに紛れ、つい筆が滞《とどこお》りがちな私を、「はよ、書かな。いつ死ぬか分からんで」と、常に叱咤《しった》激励してくれた、私の行きつけの寿し処「丸萬」（京都市下京区西木屋町四条上ル）店主の藤村さんにも感謝したい。さらに本書の出版にあたり、多くの貴重な助言や情報をいただいたＰＨＰエディターズ・グループの池谷さんにも深く謝意を表したい。

二〇二一年八月

南部修太郎

参考文献

明石散人『謎ジパング　誰も知らない日本史』（講談社文庫）1999
石川日出志『シリーズ日本古代史①　農耕社会の成立』（岩波新書）2010
井上光貞『日本の歴史1　神話から歴史へ』（中公文庫）1973
井沢元彦『逆説の日本史1　古代黎明編』（小学館文庫）1997
井沢元彦『逆説の日本史2　古代怨霊編』（小学館文庫）1998
井沢元彦『伝説の日本史　第1巻　神代・奈良・平安時代』（光文社知恵の森文庫）2018
石野博信『邪馬台国の候補地・纒向遺跡』（新泉社）2008
梅澤恵美子『天皇家はなぜ続いたのか』（ワニ文庫）2005
梅原　猛『葬られた王朝　古代出雲の謎を解く』（新潮文庫）2012
長部日出雄『天皇はどこから来たか』（新潮文庫）2001
小和田哲男『日本の歴史がわかる本〈古代〜南北朝時代〉篇』（知的生きかた文庫）2010
河合　敦『日本の歴史　その不思議な結末』（知的生きかた文庫）2003

岸　俊男編『日本の古代6　王権をめぐる戦い』（中公文庫）1996
岸　俊男・森　浩一・大林太良編『日本の古代 別巻 日本人とは何か』（中公文庫）1997
邦光史郎『古代史を推理する』（集英社文庫）1989
邦光史郎『「古事記」の謎　神話が語る日本秘史』（祥伝社黄金文庫）1995
斎藤英喜監修『とんでもなく面白い「古事記」』（PHP文庫）2012
佐伯有清『邪馬台国論争』（岩波新書）2006
坂上康俊『シリーズ日本古代史④　平城京の時代』（岩波新書）2011
島崎　晋『捏造された王国　大和政権に封印された出雲』（学研M文庫）2007
関　裕二『消えた出雲と継体天皇の謎』（学研パブリッシング）2010
相見英咲『倭国の謎　知られざる古代日本国』（講談社メチエ）2003
高木彬光『改稿新版 邪馬台国の秘密』（角川文庫）1979
瀧音能之『古事記と日本書紀　謎の焦点』（青春文庫）2020
瀧音能之『古事記　22の謎の収集』（青春文庫）2012
武光　誠『中国と日本の歴史地図』（ベスト新書）2003
武光　誠『たけみつ教授の面白すぎる日本神話と古代史の謎』（リイド文庫）2005
武光　誠『たけみつ教授の日本神話と神々の謎』（リイド文庫）2006

武光　誠『「古代日本」誕生の謎』（PHP文庫）2006
武光　誠『誰も書かなかった古代史の謎』（中経の文庫）2009
武光　誠『地図で読む「古事記」「日本書紀」』（PHP文庫）2011
田中文也『さまよえる邪馬台国　邪馬台国山陰説ダイジェスト版』（オフィス・if）2008
田中文也『新説 邪馬台国山陰説　論点整理』（オフィス・if）2009
寺沢　薫「王権誕生　日本の歴史02」（講談社学術文庫）2008
中江克己『古代七大王国の謎』（学研M文庫）2001
中江克己『「古事記」謎と真相』（学研M文庫）2007
長野正孝『古代史の謎は「海路」で解ける』（PHP新書）2015
南部修太郎『古事記の謎を解く　驚愕のヤマト王朝創世記』（アメブロ）2019
坂東　誠『秦氏の謎とユダヤ人渡来伝説』（PHP文庫）2016
福永武彦訳『現代語訳　古事記』（河出文庫）2003
福永武彦訳『現代語訳　日本書紀』（河出文庫）2005
松本清張『古代史疑』（中公文庫）1974
三浦佑之『古事記を旅する』（文春文庫）2011
水谷千秋『謎の渡来人　秦氏』（文春新書）2009

水谷千秋『古代豪族と大王の謎』（宝島社新書）2019
森　浩一編『日本の古代1　倭人の登場』（中公文庫）1995
森　浩一『語っておきたい古代史』（新潮文庫）2001
八木荘司『古代天皇は何故殺されたのか』（角川文庫）2007
安本美典『日本誕生記1　日本人はどこから来たか』（PHP研究所）1993
安本美典『日本誕生記2　卑弥呼の姿が見えてきた』（PHP研究所）1993
安本美典『神武東遷』（徳間文庫）1988
安本美典『封印された邪馬台国』（PHP研究所）1999
安本美典『応神天皇の秘密』（廣済堂出版）1999
山本　明『地図と写真から見える！　古事記・日本書紀』（西東社）2011
吉川真司『シリーズ日本古代史③　飛鳥の都』（岩波新書）2011
吉田　孝『日本の誕生』（岩波新書）1997
吉村武彦『シリーズ日本古代史②　ヤマト王権』（岩波新書）2010
石野博信・高島忠平・西谷正・吉村武彦編『研究最前線　邪馬台国　いま、何が、どこまで言えるのか』（朝日選書）2011
角川書店編『日本史探訪1　日本人の原像』（角川文庫）1983

古代出雲王国研究会『山陰の古事記謎解き旅ガイド』（今井出版）2010
成美堂出版編集部編『図解 古代史』（成美堂出版）2007
テレビ東京編『海を越えた縄文人』（祥伝社）1999
日本博学倶楽部著・島崎晋監修『日本の「神話」と「古代史」がよくわかる本』（PHP文庫）2008
文藝春秋編『エッセイで楽しむ日本の歴史 上』（文春文庫）1997
『歴史読本』編集部編『ここまでわかった！「古代」謎の4世紀』（新人物文庫）2014
『歴史読本』編集部編『神社の古代史』（新人物文庫）2014
『歴史読本』編集部編『ここまでわかった！ 邪馬台国』（新人物文庫）2011
歴史の謎を探る会編『日本人の起源 面白すぎる雑学知識』（青春BEST文庫）1991

《著者紹介》
南部修太郎（なんぶ　しゅうたろう）
1946年、石川県金沢市生まれ。
1968年、京都大学工学部卒業。1970年、京都大学大学院工学研究科修士課程修了。同年、松下電器産業株式会社（現・パナソニック株式会社）入社。1979年、京都大学工学博士。
1992年までの22年間、松下電子や松下電器の研究所や事業部に所属し、半導体デバイスの研究開発とその事業化に従事。1922年、液晶開発センター所次長。1996年、先端技術研究所参事。2001年、松下電器産業株式会社を退社し、2002年、株式会社アセット・ウィッツを創業。以降、ＮＰＯ法人高周波・アナログ半導体ビジネス（ＨＡＢ）研究会理事長、他、様々な新規事業開発や公的支援、産学連携推進に貢献。2013年、株式会社Ｅサーモジェンテックを創業。2018年、株式会社オートインスペクトを創業。
著書に、『ベンチャー経営心得帳』『実践起業論 新しい時代を創れ！』がある。

『古事記』の謎を解く
ヤマト王権創世記

2021年８月31日　第１版第１刷発行

著　者　　南部修太郎
発　行　　株式会社ＰＨＰエディターズ・グループ
〒135-0061　東京都江東区豊洲5-6-52
☎03-6204-2931
http://www.peg.co.jp/

印　刷
製　本　　シナノ印刷株式会社

ISBN978-4-909417-81-7